本书系北京市教育科学规划课题"中小学教师知识共享的影响机制及其对教师专业发展的作用：基于关系的视角"（项目批准号：AFDB21215）成果

Research on Knowledge Sharing of Primary and Secondary School Teachers

中小学教师
知识共享研究

付晓洁 著

Knowledge
Sharing

中国社会科学出版社

图书在版编目(CIP)数据

中小学教师知识共享研究/付晓洁著. —北京：中国社会科学出版社，2023.7

ISBN 978-7-5227-1767-8

Ⅰ.①中… Ⅱ.①付… Ⅲ.①中小学—师资培养—研究 Ⅳ.①G635.12

中国国家版本馆 CIP 数据核字(2023)第 059502 号

出 版 人	赵剑英
责任编辑	马　明
责任校对	孟繁粟
责任印制	王　超

出　　版	中国社会科学出版社
社　　址	北京鼓楼西大街甲 158 号
邮　　编	100720
网　　址	http://www.csspw.cn
发 行 部	010-84083685
门 市 部	010-84029450
经　　销	新华书店及其他书店
印　　刷	北京明恒达印务有限公司
装　　订	廊坊市广阳区广增装订厂
版　　次	2023 年 7 月第 1 版
印　　次	2023 年 7 月第 1 次印刷
开　　本	710×1000　1/16
印　　张	12.75
插　　页	2
字　　数	181 千字
定　　价	68.00 元

凡购买中国社会科学出版社图书，如有质量问题请与本社营销中心联系调换
电话：010-84083683
版权所有　侵权必究

自　序

本书是我多年研究的结晶，也是我就读华东师范大学教育学博士期间的研究成果。它聚焦于中小学教师的知识共享，旨在深入探究影响教师知识共享的多元变量和多维路径。这本书探讨了教师个体特质、职业成长、人际信任、组织认同、团队认同等多个方面对教师知识共享产生的影响，以及如何提高教师知识共享的意义与作用。

在这本书中，我基于许多先前的研究成果与思想，多角度地探讨了中小学教师知识共享的基本问题。本书应用了多学科的综合探索方法，结合了心理学、教育学、管理学等多个学科的研究视角，从各个角度揭示影响教师知识共享的细节与机制。

在本书的结构中，我花费了大量精力来细致而全面地描述了每一章的研究背景、研究内容、数据分析等方面，希望读者可以更好地理解每一章的主旨与意义。同时，在书中针对不同的主题，提出了多个研究假设，并结合实际案例进行深度分析和讨论。

我相信这本书将为那些对教育以及教学管理有兴趣的读者提供新的知识与思维工具，更为重要的是，它会为中小学教师实际工作带来启示和帮助。同时，我要特别感谢分布在 25 个省市 50 多所中小学的校长，正是他们的帮助，才使得我的研究顺利推进！我也要特别感谢马明编辑和中国社科院的郑建君博士在我写作期间给予的专业且有建设性的支持和帮助！

最后，衷心希望这本书能够取得良好的效果并产生积极的社会影响。

2023 年 4 月 7 日

目 录

第一章 绪论 …………………………………………… (1)
    一 研究背景与研究意义 ………………………… (1)
    二 研究视角 ……………………………………… (5)
    三 研究内容与研究框架 ………………………… (9)

第二章 主动性人格对中小学教师知识共享的影响机制 ……… (14)
    一 引言 …………………………………………… (14)
    二 文献综述与研究假设 ………………………… (16)
    三 研究方法 ……………………………………… (20)
    四 结果分析 ……………………………………… (23)
    五 讨论与总结 …………………………………… (28)

第三章 利他动机与中小学教师知识共享的关系 ……… (32)
    一 引言 …………………………………………… (32)
    二 研究方法 ……………………………………… (39)
    三 结果与分析 …………………………………… (41)
    四 分析与讨论 …………………………………… (47)

第四章 人际信任助推中小学教师知识共享的作用机制 ……… (53)
    一 引言 …………………………………………… (53)

  二 文献综述与研究假设……………………………(56)
  三 研究方法与过程…………………………………(62)
  四 结果与分析………………………………………(65)
  五 讨论与总结………………………………………(69)

第五章 从组织认同、团队认同看中小学教师知识共享………(73)
  一 引言…………………………………………………(73)
  二 研究方法……………………………………………(79)
  三 结果与分析…………………………………………(81)
  四 讨论与总结…………………………………………(84)

**第六章 中小学教师职业成长机会与知识共享：过程
    与条件**………………………………………………(87)
  一 引言…………………………………………………(87)
  二 研究方法与过程……………………………………(94)
  三 数据分析与假设检验………………………………(96)
  四 讨论与总结…………………………………………(102)

**第七章 中小学教师职业成长机会与知识共享：多重机制
    与比较**………………………………………………(107)
  一 引言…………………………………………………(107)
  二 研究方法与过程……………………………………(112)
  三 研究结果与分析……………………………………(114)
  四 讨论与总结…………………………………………(119)

第八章 中小学教师知识共享与专业发展能动性………………(123)
  一 引言…………………………………………………(123)
  二 文献综述与研究假设………………………………(126)

  三 研究方法与过程 ·· (133)
  四 结果与分析 ·· (136)
  五 讨论与总结 ·· (140)

第九章 总结、分析与思考 ·· (144)
  一 影响教师知识共享的多元变量与多维路径 ············· (144)
  二 教师知识共享发生条件的确认：基于多学科综合
    探索 ·· (147)
  三 教师知识共享的作用与意义 ································ (150)
  四 未来研究方向与教育资源均衡化的展望 ················ (152)

参考文献 ··· (157)

第一章

绪　　论

一　研究背景与研究意义

教育是国之大计，关系着国家发展和民族复兴。中华人民共和国成立以来，党和国家高度重视我国教育事业的发展和改革。特别是党的十八大以来，我国基础教育实现了跨越式发展，开辟了中国特色社会主义教育发展道路。公平作为基本理念和价值准则，贯穿了我国教育事业的发展历程。党的十八大以来，随着人民群众对高质量教育的需求不断提升，全面提高教育质量、促进教育均衡发展，成为新时代教育改革和发展的重要目标导向。2016年国务院印发《关于统筹推进县域内城乡义务教育一体化改革发展的若干意见》指出，在许多地方存在城乡二元结构矛盾突出、乡村优质教育资源紧缺、教育质量亟待提高、城镇教育资源配置不适应新型城镇化发展等问题，并就统筹城乡义务教育资源配置提出了相关措施。[①]

教育均衡发展是新时期实现教育公平的基本需要，其核心在于教育资源均衡化，尤其是优质教育资源配置的均衡化。教育均衡发展要求政府均衡配置教育资源，保证受教育者接受教育所需的校舍、设

[①] 《国务院关于统筹推进县域内城乡义务教育一体化改革发展的若干意见》，《中华人民共和国国务院公报》2016年第21期。

备、师资等基本条件完善，缩小城乡之间、区域之间、学校之间的教育差距，为每个孩子提供平等的学习权利、机会和条件，使他们都能享受高质量的义务教育。① 近年来，促进教育资源均衡化成为深化教育改革的重要内容，各级政府的教育投入不断增加，城乡、区域、学校间在基础设施方面的"硬件"差距不断缩小，但是在生源、师资等方面的"软件"差距仍然较大。有研究者指出：一是基础教育教师资源数量上分布不均衡，东部发达地区和大中城市教师饱和甚至超编，而偏远农村地区的教师数量尤其是公办教师数量严重不足；二是教师资源质量上分布不均衡，东部发达地区和大中城市教师学历高，而偏远农村地区的教师学历达标率低且师资结构失衡；三是优质教师资源流向上不均衡，城乡间、区域间、学校间的教师收入差距大，优质教师资源向城市、发达地区、重点学校单向流动，基础教育教师资源不均衡等问题较为严重。②

教师资源是学校的第一资源，决定着一所学校的办学水平和教育质量。③ 为解决教师资源配置不均衡等问题，国务院和地方各级政府进行了一系列政策制度创新探索。2014 年，教育部联合其他三个部门共同发布《关于推进县（区）域内义务教育学校校长教师交流轮岗的意见》，在全国范围内推行教师轮岗制度。④ 2018 年，中共中央、国务院发布《关于全面深化新时代教师队伍建设改革的意见》，该《意见》明确指出要优化义务教育教师资源配置，要求实行义务教育教师"县管校聘"，深入推进县域内义务教育学校教师、校长交流轮岗，实行教师聘期制、校长任期制管理，推动城镇优秀教师、校长向

---

① 范国睿：《教育公平与和谐社会》，《教育研究》2005 年第 5 期。
② 陈俊珂：《基础教育教师资源均衡发展的现状分析及对策》，《教育导刊》2006 年第 4 期。
③ 杨银付、韩民、王蕊、安雪慧：《以教师资源的均衡配置促进义务教育均衡发展——城乡义务教育教师资源均衡配置的政策与制度创新》，《中小学管理》2008 年第 2 期。
④ 《教育部、财政部、人力资源和社会保障部关于推进县（区）域内义务教育学校校长教师交流轮岗的意见》，《基础教育参考》2014 年第 19 期。

乡村学校、薄弱学校流动，实行学区（乡镇）内走教制度，地方政府可根据实际给予相应补贴。① 此外，近年来教育部还出台了义务教育学校绩效工资制度、部属师范大学师范生免费教育政策、"中小学教师国家级培训计划"、高校毕业生到农村任教的"特岗计划"、农村学校教育硕士师资培养计划、县域内教师交流制度以及师范生到农村学校实习支教制度等政策；在实践中，探索出城乡对口支援式流动模式、学区合作流动模式等多样的教师流动模式，推动教师流动和校际、区域间的师资共享，一定程度上缓解了教师资源均衡配置不均的困境。② 在上述制度探索中，教师交流轮岗制度是非常重要的一个路径设计。

教师交流轮岗制度全国推行已近十年，在促进教师资源均衡化等方面起到了一定的积极作用，但这一制度却存在较大争议，并未受到教师群体的广泛接纳与认同。一项调查研究发现，由于教师轮岗制度和教师的个人利益没有直接关联，甚至还会一定程度损害其当前利益，因此多数教师并没有较强的参与轮岗的主观意愿，部分教师对交流轮岗制度不认同、不接受，甚至引发普遍的心理阻滞。虽然教师轮岗可以一定程度上缓解县（区）域教师资源不均衡的状况，但是单纯的教师轮岗制度并不能完全解决当前教师资源不均衡的问题，化解人们对优质教育资源竞争心理的功能远大于提升教育质量的功能。③ 只有普遍增强教师的专业素养、促进教师队伍整体发展、提升优质教师资源数量，才能从根本上解决教师资源配置不均衡的难题。

作为促进教师专业发展、提升教师队伍整体水平的重要环节，教师知识共享逐渐受到学者们的关注。教师知识共享是在知识共享概念基础上发展起来的，是在学校这一特定场域、在教师这一特定群体间发生的

---

① 《中共中央、国务院关于全面深化新时代教师队伍建设改革的意见》，《人民日报》2018年1月20日第1版。

② 胡友志：《发展式均衡：区域基础教育师资均衡化的新路向——基于基础教育优质均衡发展的政策变革》，《教育科学研究》2012年第8期。

③ 吕寿伟、姜先亮：《教师轮岗制度的伦理反思》，《教育学报》2021年第5期。

知识共享。知识共享是个体将其所拥有的（内隐或外显）知识，通过恰当的方式有选择地传递给其他个体，进而实现个体之间知识的交流，提升组织的知识累积与绩效的过程。[1] 知识是教师专业素质的重要组成部分，而知识共享是帮助教师快速了解、理解和掌握知识的重要途径，教师知识共享能够有效地将教师个人知识转化为学校知识，促进教师队伍的整体发展，进而提升整个学校的学习能力与办学水平[2]。然而，虽然知识共享会促进整个学校的教学能力提升已成为共识，但在大多数情况下，教师并不会主动进行知识共享。知识是教师掌握的核心资源，分享知识可能使教师在学校竞争中承担自我价值资源受损的风险，进而使其在一定范畴内丧失竞争优势，[3] 且长期由行政力量主导的教师共享平台也导致教师参与知识共享的内驱力不足，特别是导致教师主动进行知识共享的意愿不强，在被动进行知识共享时流于形式。[4]

综上所述，教师知识共享是新时代教师队伍建设的重要内容，对于促进教师队伍专业发展、提升教师队伍整体素质具有重要作用，进而也会有利于教师资源均衡化和教育均衡发展。但是，受限于技术障碍、信任障碍、利己障碍、交往障碍、组织障碍和管理障碍等种种障碍问题，[5] 当前教师知识共享仍面临较大困境，学界对教师知识共享的影响机制了解也不够透彻。因此，对教师资源共享的影响机制、作

---

[1] 于米：《个人/集体主义倾向与知识分享意愿之间的关系研究：知识活性的调节作用》，《南开管理评论》2011年第6期；杨玉浩、龙君伟：《企业员工知识分享行为的结构与测量》，《心理学报》2008年第3期。

[2] 石艳、董虹伶：《基于元分析的教师知识共享影响因素研究》，《教育学报》2020年第4期；郑建君、付晓洁：《利他动机对中小学教师知识共享的影响——组织认同和组织支持感的调节作用》，《心理发展与教育》2019年第4期。

[3] Bock, G. W., & Kim, Y. G., "Breaking the Myths of Rewards: An Exploratory Study of Attitudes about Knowledge Sharing", *Information Resources Management Journal*, Vol. 15, No. 2, 2002.

[4] 刘雨：《教师知识共享机制及实现策略——基于社会交换理论视角》，《当代教育科学》2021年第8期。

[5] 李春玲、肖远军：《教师群体知识共享的障碍与管理对策》，《当代教育科学》2005年第22期。

用条件等展开相应的实证研究，对于探索促进教师间有效的知识共享具有重要的理论意义和实践价值。

二 研究视角

作为知识管理的核心环节，知识共享的研究已经由来已久。知识共享研究源于20世纪90年代西方企业管理对知识管理问题的研究。早期的知识共享研究，大多集中于企业场域，围绕知识共享的概念内涵、影响因素等问题展开。关于知识共享的内涵，国内外学者从不同的视角出发，对其定义也不尽相同。丹文波特和普鲁萨克从知识转移和市场交易的角度进行研究，他们认为知识共享每天都发生，知识转移是向潜在接受者发送或提供知识的传递行为以及此人或团体对该知识的接收行为，构建起"知识共享＝发动＋接收"的知识共享公式。此外，他们还认为企业内部存在一个"知识市场"，知识的买卖就是知识共享。[1] 从知识互动的角度，野中和竹内将知识分为内隐性知识和外显性知识，他们认为内隐知识和外显知识的互动就是知识共享的过程。[2] 国内学者大多从个体之间、群体之间，以及从个体到群体的角度来理解知识共享，并强调知识共享是知识从某个个体成员传递到其他成员，成为组织成员所共享的过程，既包括组织成员之间的知识传递过程，也包括知识从个体向群体转移的过程，其实质是知识在个体、群体、组织之间的流动、分享和应用。[3]

---

[1] Prusak, L. and Davenport, T. H., *Working Knowledge: How Organizations Manage What They Know*, Boston: Harvard Business School Press, 1998, pp. 23 - 24.

[2] Nonaka, I. and Takeuch, H., *The Knowledge-Creating Company*, New York: Harvard Business School Press, 2008, p. 165.

[3] 钟耕深、赵前：《团队组织中知识共享的风险、障碍与对策》，《山东社会科学》2005年第7期；李春玲：《教师群体知识共享的障碍与管理对策》，《当代教育科学》2002年第22期；严浩仁、贾生华：《试论知识特性与企业知识共享机制》，《研究与发展管理》2002年第6期；张定强：《教师知识共享的机制及实现策略》，《中国教育学刊》2018年第2期。

知识共享的影响因素也是知识共享研究中的一项重要内容。从知识本身出发来把握隐性知识的特点，阿登费尔特和拉格斯特罗姆的研究认为，知识的认知特性是影响知识共享效果的重要因素。[①] 从人际互动的角度出发，霍尔茨豪斯认为组织成员的理解、沟通能力等，都会影响知识共享的效果。[②] 严浩仁等通过对知识资源的特性分析后认为，在表达、认知、交易、组织、心理以及文化等六个方面存在着影响企业内部知识交流的障碍因素。[③] 石宝明、张少杰认为，组织成员间知识共享的障碍因素有知识主体间、知识客体间、知识共享手段间和知识共享环境等。[④] 此外，学者们还发现个人因素（动机、信任关系、人格等）和环境因素（组织氛围、团队特征、组织支持等）均对个体的知识共享具有重要的影响。[⑤]

　　由于知识共享发生的场域和群体身份具有特殊性，教师知识共享研究与传统企业场域的知识共享研究既有共通性又有独特性，应在传统知识共享研究的理论和成果基础上，结合学校组织和教师群体的特殊性，展开相应的理论和实证研究。然而，当前有关教师知识共享的实证研究相对缺乏，部分研究仅基于有限的文本或二手数据就下判断、提建议，而对教师知识共享背后的形成过程、影响机制及相关变量之间的关系问题研究不充分、分析不深入，政策建议也不具有针对性。例如，部分实证研究视角相对单一，对教师知识共享影响机制的理解过于简单，并未

---

　　① Adenfelt, M. and Lagerstrom, K., "Enabling Knowledge Creation and Sharing in Transnational Projects", *International Journal of Project Management*, Vol. 24, No. 3, 2006.

　　② Holtshouse, D., "Knowledge Research Issues", *California Management Review*, Vol. 40, No. 3, 1998.

　　③ 严浩仁、贾生华：《试论知识特性与企业知识共享机制》，《研究与发展管理》2002年第6期。

　　④ 石宝明、张少杰：《组织成员间知识共享研究》，《理论探讨》2009年第6期。

　　⑤ Chang, H. H. and Chuang, S. S., "Social Capital and Individual Motivations on Knowledge Sharing: Participant Involvement as a Moderator", *Information & Management*, Vol. 48, No. 1, 2011；曹科岩：《不同动机因素对教师知识分享行为的影响机制——基于广东高校的实证研究》，《现代教育科学》2012年第7期；李志宏、朱桃、赖文娣：《高校创新型科研团队隐性知识共享意愿研究》，《科学学研究》2010年第4期。

对教师知识共享成因机制及其内在逻辑形成全面的认识。鉴于此，本书研究综合运用组织行为学、社会学、教育管理学领域的相关理论，在研究框架中引入多学科、多层级的视角和变量，帮助读者更加深入和全面地理解教师知识共享内在的影响机制和形成过程。

首先，本书研究延续了以往知识共享研究常用的组织行为学视角，从组织行为的角度解读教师知识共享的因果机制。组织行为学是一门以组织学、社会学、管理学、心理学等学科为基础的交叉学科，是在管理科学发展的基础上，系统地研究个体在组织中的心理、态度、行为表现及其客观规律的学科，通过探索和掌握个体在组织中的心理和行为规律，以促进个体在组织中的积极行为，提升管理者解释、预测、影响组织成员行为的能力，进而提高组织的工作绩效。[①]从组织行为学的角度切入知识共享研究，主要包含三个面向：一是关注组织中个体的心理动向，关注人格特质、动机等因素对其知识共享行为的影响机制；二是关注组织环境、组织中的人际关系等因素对其知识共享的影响过程；三是关注个体心理因素和组织环境因素是否会共同对知识共享产生影响，两者的作用机制中是否还会存在交互效应。人是在组织中存在的，在参与组织活动时，不仅会受到其内在心理特质的影响和作用，还会受到组织中其他人以及组织环境的影响，即个体的行为表现是自身心理特征和所处组织环境互动之后的结果。因此，本书在观察、研究教师的知识共享时，不仅考虑了组织环境的影响，还重视个体心理因素如动机、个体特质等变量的影响，将相关变量按不同层级分别纳入多个不同的研究模型中，对教师知识共享的影响机制以及各个因素之间的关系进行探索。

其次，本书研究中引入了社会学视角，尝试使用社会学的相关理论和变量来研究和探索教师知识共享的作用机制。社会学是一门系统

[①] 张剑、张玉、高超、李精精：《"大组织"对"大行为"：基于关键词分析的我国组织行为学研究现状》，《管理评论》2016年第2期。

地研究社会行为和人类群体的科学，其研究范围相当广泛，研究内容既包括宏观层面的社会系统和阶层结构问题，又包括微观层面的群体行动和人际互动问题。组织是浓缩的社会，组织内的人际关系可以视为社会上人际关系的缩影，因而社会学在组织管理或组织行为研究中也经常被作为一个重要视角。从社会学的视角切入知识共享研究主要分为两个面向：一个是引入社会学的相关变量和理论，从人与人之间的关系、人与群体、组织之间的关系角度进行分析，丰富和深化当前的教师知识共享研究；另一个是将社会学理论和组织行为学的理论相结合，以夯实研究设计的理论基础。

  最后，本书研究还特别倚重和重视教育管理学的视角，试图在已有知识共享研究基础上，为教师知识共享研究寻找一些新的思路。教育管理学是建立在教育学和管理学这两门学科基础上的一门交叉学科，以教育实践活动、教育系统中的管理问题为研究对象，试图发现和揭示教育管理的本质及一般规律，为教育管理实践提供指导服务。[1]根据研究对象的范围大小，教育管理学有广义和狭义之分，广义的教育管理学以整个国家的教育系统为管理对象，研究的是宏观的国家教育管理规律，而狭义的教育管理学则是以学校为管理对象，可以说狭义的教育管理约等于学校管理，其研究的是学校组织如何提高教育质量。教师的知识共享是学校知识管理的重要环节之一，[2]也是狭义的教育管理的重要内容。因此，从教育管理的角度切入研究教师知识共享是必要且可行的，这为我们观察和分析教师群体知识共享背后的动机和因果机制，打开了一扇新的视窗。本书在研究教师知识共享的作用机制时，将学校场域和教师身份考虑在内，在研究中涉及关注教师职业成长机会、教师效能感等变量，彰显了本书研究的聚焦意识，使

---

[1] 杨天平：《教育管理学学科建设的辩证思考》，《课程·教材·教法》2002年第5期。
[2] 李伟：《教师知识分享：瓶颈、过程与系统促进策略》，《教育发展研究》2021年第12期。

研究结论具有更强的可推广性和实践意义。

综上所述,本书对教师知识共享的研究分析,正是以组织行为学、社会学、教育管理学为切入视角,通过引入相关学科与教师知识共享有关的研究变量,对教师知识共享的影响机制、作用条件及其在教育实践中的后续影响所进行的探索、尝试。还需要说明的是,这三个学科的视角并非彼此独立的,而是相互补充、互为支撑的关系。正是以这三个学科的理论为基础,形成了本书研究的综合性视角,兼顾了知识共享研究的普遍性和学校场域、教师身份的特殊性,才使得本书研究具有较强的理论意义和实践价值。除了研究视角的丰富,这三个学科还为我们提供了研究方法上的借鉴。随着社会实践和学科的发展,调查研究、实证研究等定量研究方法在社会科学领域研究,尤其是在组织行为学和社会学等学科研究中的地位越来越凸显。本书研究主要采用的就是定量研究方法,通过假设检验、量化分析对教师知识共享的影响机制进行探析。

三 研究内容与研究框架

以往研究对知识共享的考察多集中在企业,对教师群体知识共享的关注近年来虽有丰富,但系统化的实证研究较为缺乏,此外教师知识共享在现实实践中也遭遇到缺失、无效等形式困境。[①] 鉴于此,本书所涉研究,主要以教师知识共享这一核心变量为基础,采用量化分析的实证研究范式对教师知识共享的前因后果予以研究、解释,其重点不在于对教师知识共享的现状、困难等的描述分析,而是聚焦于教师知识共享的心理与行为背后的各种关系与机制。希望通过系列的实证研究,来逐步梳理和把握教师知识共享背后的影响机制与作用规律。

---

① 刘雨:《教师知识共享机制及实现策略——基于社会交换理论视角》,《当代教育科学》2021年第8期。

在研究对象的选择上，本书研究聚焦于中小学教师群体，关注中小学教师知识共享的影响机制和作用条件。不同教育阶段由于教育内容和教育目标的不同、教师掌握和传递的知识不同，其知识共享也必然具有不同的特性。不同于幼儿教育和高等教育阶段的灵活性和不定论性，中小学教师主要传授系统性的学科基础知识，知识相对固定，具有基础性、确定性等特点，其知识共享也相对容易进行，研究中小学教师的知识共享，具有更强的实践可推广性。此外，中小学是我国规定的九年义务教育阶段，探究促进该阶段教师的知识共享的路径，对于促进义务教育高质量、均衡化发展具有重要意义。

本书根据分别搜集到的两批数据，共展开七项具体研究。数据来源包括北京市的地方数据和全国的数据，其中，北京市的数据是从北京市不同学区选取中小学校20所，向在编在岗的任课教师发放问卷1500份收集而来，共收回有效问卷1342份；全国的数据则是基于教育部校长培训数据库系统，随机抽取50所中小学校，实际接受邀请的学校46所；以参与调查人数不少于该校实际教学岗教师（在岗在编）总数80%为标准，抽取33所中小学校的数据进入最终的统计分析，共计教师2982名，涉及24个省份（自治区、直辖市）。数据来源较广，兼顾了地方特殊性和全国整体性，研究结果具有较强的代表性和外部效度。

综合七项具体的实证研究来看，本书的研究内容主要包括以下三个方面（详见图1-1）。

第一，中小学教师知识共享的影响机制。中小学教师知识共享作为个体在特定组织中的一种角色外行为，其背后的影响因素和机制相当复杂，不仅受到外在组织环境等的影响，还势必受到其人格特质、动机等内在主观因素的影响。[1] 鉴于此，本书将用多半比例的篇幅对

---

[1] 王健：《促进教师个人知识共享的学校知识管理策略》，《教育理论与实践》2005年第8期；郑建君、付晓洁：《利他动机对中小学教师知识共享的影响——组织认同和组织支持感的调节作用》，《心理发展与教育》2019年第4期。

第一章 绪论

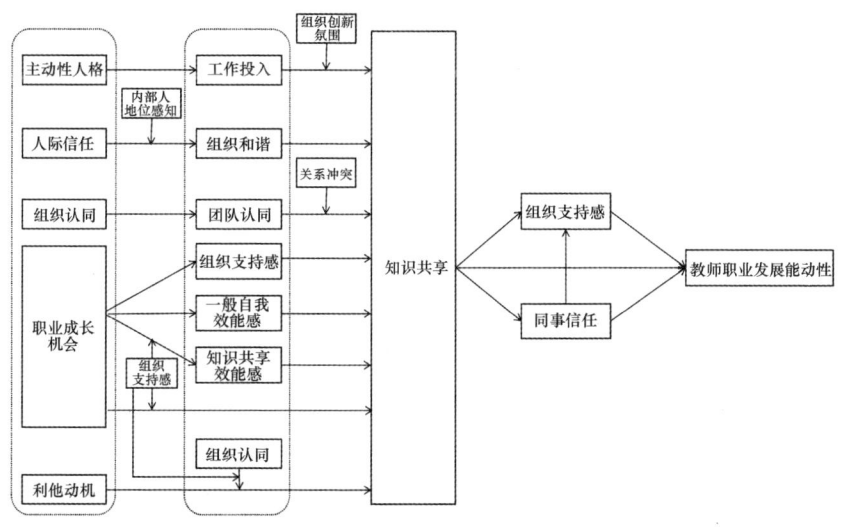

图 1-1　本书各章节研究的核心框架与假设概要

此部分内容对影响中小学教师知识共享的因素以及相应的作用机制进行系统研究。一方面，基于已有关于知识共享的研究成果，本书研究对可能驱动或影响中小学教师知识共享的因素、变量及影响机制进行探索性分析，验证影响知识共享的因素是否亦会对中小学教师的知识共享产生相同的影响；在确认可能存在的影响因素和影响机制的基础上，进一步获取中小学教师知识共享如何产生的实证结果。另一方面，本书研究关注中小学教师知识共享发生的特殊场域，除了固有研究知识共享的组织行为学视角外，结合社会学、教育管理学等相关学科的研究发现和变量进入研究设计框架中，努力实现跨学科研究的整合和互动，为读者展现更加全面的、真实的中小学教师知识共享产生发展过程。

第二，**影响中小学教师知识共享的作用条件**。中小学教师知识共享要经历一个漫长的心理和行为过程，组织因素、个体主观因素等对教师知识共享的影响路径和影响程度可能受到彼此或是其他因素的干扰和影响。鉴于此，在把握和理解中小学教师知识共享影响机制的基础上，本研究关注的另一个焦点在于，上述影响机制在何种条件下成立以及在何种条件下会发生何种程度的变化。以此作为本研究关注的第二个重要问题，不仅可以帮助我们在理性层面形成对中小学教师知识共享更加全面、系统的认识和理解，还能够帮助我们加深对实践中中小学教师知识共享各个阶段和环节的认识，对中小学教师知识共享发生和成立条件有更加清楚的判断，进而有助于推广本书研究结论在实践中的运用。实际上，在研究的开展中，上一条内容和本条内容是在各项研究里同时进行的，"影响机制"研究的是哪个变量会通过哪个变量影响中小学教师知识共享，而"作用条件"研究的是上述路径是否会在以及多大程度上受到其他变量的影响。在本书中，我们根据不同的理论和角度，设计了六个关于中小学教师知识共享形成路径的理论模型，并根据收集到的数据对其分别进行了假设检验。通过这六项具体研究，我们可以对中小学教师知识共享的影响机制和作用条件有较为清晰的认识。

第三，中小学教师知识共享的后续影响。除了对中小学教师知识共享的影响因素和影响机制进行探索，本书还尝试从中小学教师知识共享出发，对中小学教师知识共享对其他教育环节可能存在的影响进行探究。已有研究多把中小学教师知识共享有利于提升教师专业能力和学校办学质量作为一项常识，重点探究教师知识共享的影响因素，[1] 而并未对其中的因果关系进行更加深入的探讨和验证。实际上，从教师知识共享到教师专业能力提升，两者之间还存在着相当复杂的心理和行为过程，需要通过实证研究对其中的相关关系、因果关系进行判断分析才能得到两者的关系。具体到本书，我们只是从教师知识共享到教师专业能力提升过程中抽取了相对靠前的一个阶段，即从知识共

---

[1] 崔宇、王凡一：《基于结构方程模型的教师知识共享影响因素研究》，《教育学报》2020年第4期；石艳、董虹伶：《基于元分析的教师知识共享影响因素研究》，《教育学报》2020年第4期；雷志柱、雷育生：《基于信任视角的高校教师隐性知识共享影响因素研究》，《高教探索》2011年第2期。

享到教师专业发展能动性,对这两者之间的影响机制和具体过程展开了一项研究。此外,在这一机制研究中,我们还分了学校和个体两个层级构建研究框架,并将同事信任和组织支持感纳入其中,建立了一个多重链式中介模型,对教师专业发展能动性的前因进行拓展分析。这一部分内容为我们中小学教师知识共享的研究完善了逻辑链条,对中小学教师知识共享的前因、后果以及边界条件等都进行了探索,帮助读者加深对中小学教师知识共享的认识和理解,同时也为我们未来的研究提供了良好的基础和更多的思路。

第二章

主动性人格对中小学教师知识共享的影响机制

一 引言

知识共享作为学校知识管理的核心环节,是实现学校知识资源的累积、增值和创新,减轻教师工作压力、提升教师专业能力的关键所在。[1] 目前我国教师群体知识共享的现状并不乐观,依然存在共享数量少、质量低、缺乏持久性等问题,[2] 这就要求我们对如何促进和提升教师群体的知识共享予以更多的关注。在影响教师知识共享的因素中,除教师个体特性、动机、人际及组织等因素外,[3] 教师的个性特征是影响其心理感知和态度行为的最本质因素。[4] 其中,作为一种稳定的、跨情境的人格类型,主动性人格使个体表现出明显的主动性行为,具有该人格特质的个体较少受情境压力的限制,能够通过发挥自

---

[1] 崔宇、王凡一:《基于结构方程模型的教师知识共享影响因素研究》,《教育学报》2020年第4期。

[2] 傅建明、苏洁:《高校教师群体知识共享的障碍及其对策分析——一种社会资本的视角》,《徐州工程学院学报》(社会科学版)2013年第5期。

[3] Hew, K. F., and Hara, N., "Empirical Study of Motivators and Barriers of Teacher Online Knowledge Sharing", *Educational Technology Research and Development*, Vol. 55, No. 6, 2007.

[4] Bateman, T. S., and Crant, J. M., "The Proactive Component of Organizational Behavior: A Measure and Correlates", *Journal of Organizational Behavior*, Vol. 14, No. 2, 1993.

身主动性对环境做出改变。同时，高主动性人格的个体，还具有高角色广度自我效能感，他们更倾向于表现出一些积极的、人际间的和综合性的利组织行为（如知识共享）。①

然而有关主动性人格与知识共享行为关系的探讨相对缺乏，二者的关系机制和作用条件尚未得到系统验证。一些研究认为，主动性人格对知识共享的影响不受情境限制，高主动性人格的个体面对不同情境时能够做出核心自我评价，并且与上级和同事保持高质量的互动关系，因此在任何情境中均倾向于进行角色外行为（如知识共享），②但也有研究者认为，在不同情境中主动性人格发挥的作用是不同的，在高自主性、低组织行为要求的组织情境下，高主动性人格的个体更容易进行知识共享。③ 于教师群体而言，他们或因为考虑知识单向输出而导致个人独有价值损失，或担心分享知识质量参差不齐而得到消极反馈、影响教师自我形象。在实践中教师往往选择观望或沉默，而非主动进行知识共享。④ 因此，对于教师群体而言，主动性人格与知识共享的影响机制和条件，有待于进一步确认。

根据工作需求—资源理论，⑤ 至少包括个体（积极态度、主动性人格、自我效能感等）和工作（社会支持、成长机会、组织氛围等）

---

① Jiang, F., Lu, S., Wang, H., Zhu, X. and Lin, W., "The Roles of Leader Empowering Behaviour and Employee Proactivity in Daily Job Crafting: A Compensatory Model", *European Journal of Work and Organizational Psychology*, Vol. 30, No. 1, 2021.

② Abbas, M., Sajid, S. and Mumtaz, S., "Personal and Contextual Antecedents of Knowledge Sharing and Innovative Performance among Engineers", *Engineering Management Journal*, Vol. 30, No. 3, 2018.

③ Lv, A., Lv, R., Xu, H., Ning, Y. and Li, Y., "Team Autonomy Amplifies the Positive Effects of Proactive Personality on Work Engagement", *Social Behavior and Personality*, Vol. 46, No. 7, 2018.

④ 杨烁、余凯：《组织信任对教师知识共享的影响研究——心理安全感的中介作用及沟通满意度的调节作用》，《教育研究与实验》2019年第2期。

⑤ Bakker, A. B., and Demerouti, E., "Job Demands-Resources Theory: Taking Stock and Looking Forward", *Journal of Occupational Health Psychology*, Vol. 22, No. 3, 2017.

两种资源类型对工作需求予以支持。① 作为一种关键性个体资源，主动性人格能够促进、引导个体的变革和自我激励，使其愿意通过增加工作投入来不断获得工作资源。② 同时，作为实现组织目标和推动个人成长的工作资源，组织创新氛围能够使个体感受到组织对其创新行为的重视与支持，致使其继续加大工作投入，在实现自身成长、促进组织目标达成等方面表现出更多的角色外行为（如知识共享）。③ 据此，本章研究以工作投入为中介变量，组织创新氛围为调节变量进行分析，以考察教师主动性人格对知识共享的影响机制及作用条件，为学校知识管理和教育资源均衡化实践提供必要指导。

二 文献综述与研究假设

（一）主动性人格与知识共享

从个体层面来看，人格特质对教师的知识共享具有显著影响。作为一种独立的人格特质，主动性人格反映了一种个体采取积极行动影响所处环境的特质倾向。具有主动性人格的个体，能够较少受环境约束、快速适应和影响环境变化，同时还善于识别机会、采取行动、持之以恒直到成功。大量研究证实，主动性人格对个人职业成功、工作满意度、组织绩效及组织创新行为具有积极影响。④ 同时，主动性人

---

① Bajaba, S. M., Alajhar, N. A. and Bajaba, A. M., "The Bottom-Up Impact of Proactive Personality on Employee Job Crafting: A Serial Mediation Model", *Journal of Psychology*, Vol. 155, No. 6, 2021; Tisu, L., Lupşa, D., Vîrgă, D. and Rusu, A., "Personality Characteristics, Job Performance and Mental Health: The Mediating Role of Work Engagement", *Personality and Individual Differences*, Vol. 153, No. 15, 2020.

② Sun, H. J. and Yoon, H. H., "Linking Organizational Virtuousness, Engagement, and Organizational Citizenship Behavior: The Moderating Role of Individual and Organizational Factors", *Journal of Hospitality & Tourism Research*, Vol. No., 2020.

③ 王勇、韦志飞、王利：《工作资源、工作投入对知识共享影响的实证研究》，《科技管理研究》2012年第24期；Tett, R. P., and Burnett, D. D., "A Personality Trait-Based Interactionist Model of Job Performance", *Journal of Applied Psychology*, Vol. 88, No. 3, 2003。

④ Haynie, J., Flynn, C. B. and Herda, D., "Linking Career Adaptability to Supervisor-Rated Task Performance: A Serial Mediation Model", *Career Development International*, Vol. 25, No. 4, 2020.

格对于教师群体的职业发展也表现出明显的助推作用。① 高主动性人格的个体社会化程度高,倾向于积极寻求工作反馈,开展创造性活动,并通过重新定义工作角色提升工作价值而进行更多角色外行为。② 依据工作需求—资源理论的观点,那些具有高主动性人格的教师,在平衡工作需求、获取支持资源的过程中也更倾向于知识共享。教师通过个体层面的展示阐明、群体层面的对话交流以及组织层面的整合实现等,使其个体知识实现向组织知识的转变。③ 因而,可以将教师知识共享看作是一种包括知识贡献与获取在内的积极的资源交换过程,具有主动性人格的教师善于在知识共享过程中贡献知识并获取知识资源。

基于上述分析,本章研究提出假设 H_1:主动性人格对中小学教师知识共享具有显著的正向影响。

(二) 工作投入的中介作用

作为一种与工作相关且积极向上的精神状态,工作投入不仅能够促使个体在工作中实施更加主动的行为,④ 同时还决定了个体对于自身所拥有资源的整合程度。根据工作需求—资源理论,主动性人格作为个体资源会通过工作投入影响其工作态度,是工作投入重要的前因变量。⑤ 高主动性人格特质的个体,具有更强的实现目标的动机,能够清晰地认识和评估工作任务并根据工作需求调适自我,进而通过增加工作投入以

---

① Van der Heijden, B. I. J. M., Van Vuuren, T. C. V., Kooij, D. T. A. M. and de Lange, A. H., "Tailoring Professional Development for Teachers in Primary Education the Role of Age and Proactive Personality", *Journal of Managerial Psychology*, Vol. 30, No. 1, 2015.

② Crant, J. M., "Proactive Behavior in Organizations", *Journal of Management*, Vol. 26, No. 3, 2000.

③ 张宝臣、祝成林:《高职院校教师企业实践中的知识共享研究》,《中国高教研究》2017 年第 5 期。

④ 林新奇、徐洋洋:《未来工作自我清晰度与员工反馈寻求行为的关系:变革型领导和工作投入的影响》,《管理评论》2021 年第 7 期。

⑤ 刘伟国、施俊琦:《主动性人格对员工工作投入与利他行为的影响研究——团队自主性的跨水平调节作用》,《暨南学报》(哲学社会科学版) 2015 年第 11 期。

获得有意义的改变;[①] 另一方面,高主动性人格特质的教师,能够做出核心自我评价、积极看待工作中的挑战,并通过有效管理和调配身体、认知、情感等方面的资源,主动寻求和分享有价值的信息。[②] 此外,具有主动性人格特质的个体,往往认为工作需求是可以管理的,倾向于通过工作投入等积极路径来减少资源损耗。[③]

一般来说,高工作投入的个体往往具备充沛的精力以及为工作付出的意愿,并能够体会到工作的意义,进而表现出全心忘我的工作状态。[④] 具体而言,第一,个体在工作投入过程中会体验到更多的积极情感,并表现出更多利他行为(如知识共享)。第二,高工作投入能够得到组织信任和支持,使教师产生高度的责任感和使命感并努力对组织做出回报,[⑤] 例如,工作投入可能会增加或促进个体的知识共享意愿与表现。第三,当个体长时间专注于组织中的工作任务时,在投入更多资源的同时,教师工作角色认同感,工作满意度、组织承诺均会呈现出较高水平,并表现出知识共享等利组织行为。[⑥]

基于以上分析,本章研究提出如下假设 H_2:在中小学教师主动性人格与知识共享的关系中,工作投入表现出显著的中介作用。

[①] Mubarak, N., Khan, J., Yasmin, R. and Osmadi, A., "The Impact of a Proactive Personality on Innovative Work Behavior: The Role of Work Engagement and Transformational Leadership", *Leadership & Organization Development Journal*, Vol. 42, No. 7, 2021.

[②] 林颐宣:《主动性人格对小学教师工作满意度的影响:一个有调节的中介模型》,《心理发展与教育》2020年第1期。

[③] Haynie, J. J., Flynn, C. B. and Mauldin, S., "Proactive Personality, Core Self-Evaluations, and Engagement: The Role of Negative Emotions", *Management Decision*, Vol. 55, No. 2, 2017.

[④] Bakker, A. B., De Merouti, E. and Sanz-Vergel, A. I., "Burnout and Work Engagement: The JD-R Approach", *Annual Review of Organizational Psychology & Organizational Behavior*, Vol. 1, No. 1, 2014.

[⑤] 胡莹莹、刘一璇、李娜、杨一鸣、王文静:《中小学教师品格优势对工作投入的影响:职业使命感的中介作用》,《当代教育科学》2021年第9期。

[⑥] 刘业进、温馨:《"工作要求"与"工作资源"如何影响中小学教师的工作投入和教学绩效》,《湖南师范大学教育科学学报》2022年第2期。

(三) 组织创新氛围的调节作用

组织创新氛围是个体对其创新能力养成、发展和运用产生影响的组织情境的心理认知与体验，是组织成员对影响其创新行为的情境的整体性知觉与体验。[1] 既有研究表明，组织创新氛围不仅可以影响知识共享的动机和意愿，[2] 也可以调节个体感知、工作投入以及创新行为之间的关系。[3] 作为工作领域中的一种环境资源，组织创新氛围既有助于个体实现工作目标、满足工作需求、激发个人成长，也能够推动个体展现出更多角色外行为。[4] 教学过程中的工作反馈、团队支持以及组织氛围均为教师可整合的重要资源，教师对教学情境工作资源的共同认知，直接影响其在工作中的态度、信念、动机、价值观，进而影响教师的工作投入行为及整个组织的创新能力和绩效。[5] 基于工作需求—资源理论的观点和既有研究发现，[6] 本章研究认为，组织创新氛围可能会调节工作投入与教师知识共享的关系。学校创新气氛低时，教师既有的支持性资源相对有限，又因为知识共享等角色外行为可能会减少教师在组织中的竞争优势，致使其知识共享需要有更多的

---

[1] 郑建君、金盛华、马国义：《组织创新气氛的测量及其在员工创新能力与创新绩效关系中的调节效应》，《心理学报》2009 年第 12 期。

[2] 李凤莲：《心理资本对员工创新行为的影响机制研究》，《财经问题研究》2017 年第 12 期。

[3] 崔淼、肖咪咪、王淑娟：《组织创新氛围研究的元分析》，《南开管理评论》2019 年第 1 期。

[4] Bock, G., Zmud, R. W., Kim, Y. and Lee, J., "Behavioral Intention Formation in Knowledge Sharing: Examining the Roles of Extrinsic Motivators, Social-Psychological Factors, and Organizational Climate", *Management Information Systems Quarterly*, Vol. 29, No. 1, 2005.

[5] 石艳、董虹伶：《基于元分析的教师知识共享影响因素研究》，《教育学报》2020 年第 4 期。

[6] Song, J. H., Kim, W., Chai, D. S., and Bae, S. H., "The Impact of an Innovative School Climate on Teachers' Knowledge Creation Activities in Korean Schools: The Mediating Role of Teachers' Knowledge Sharing and Work Engagement", *KEDI Journal of Educational Policy*, Vol. 11, No. 2, 2014；王士红、徐彪、彭纪生：《组织氛围感知对员工创新行为的影响——基于知识共享意愿的中介效应》，《科研管理》2013 年第 5 期。

资源予以支持才能进行，而在既有资源不足的情况下，教师会优先将资源配置给角色内行为。因此，当组织创新氛围低时，环境中的工作资源减少，工作投入对角色外行为的影响作用相应减弱。相反，当组织创新氛围高时，环境中对工作需求的支持性资源增多，教师可以将既有的支持性资源分配到角色内和角色外两类行为上，从而使工作投入与知识共享的关联强度得以提升。

鉴于上述分析，本章研究提出假设 H_3：组织创新氛围调节了中小学教师工作投入对知识共享的影响，具体来说，工作投入对知识共享的正向影响关系会随着组织创新氛围的提高而增强。

综上所述，本章研究基于所关注核心变量的假设关系，构建了一个跨层级被调节的中介效应模型（见图 2-1），即主动性人格通过工作投入对知识共享产生影响，同时中小学教师所在学校的组织创新气氛对该间接影响关系具有调节作用。

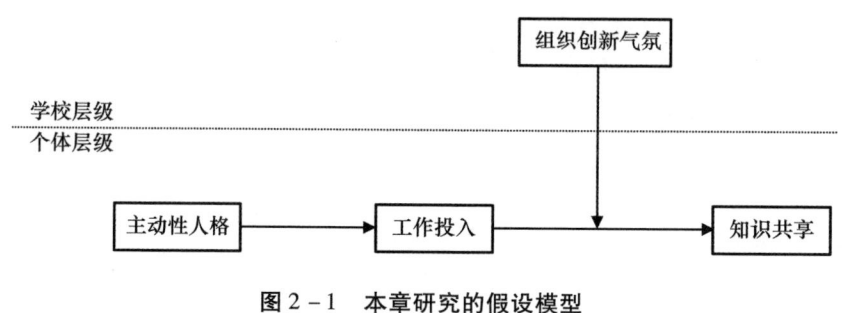

图 2-1　本章研究的假设模型

三　研究方法

（一）样本情况

本章研究从教育部校长培训数据库系统中随机抽取 50 所中小学校，其中愿意参与此次调查的学校 46 所，获得数据 3109 份；删除参与调查人数不足该校实际教学岗教师（在岗在编）总数 80% 的学校数据，最终进入数据分析的中小学校共计 33 所，涉及 24 个省份（自治区、直辖市）的2982名教师，平均年龄38.40岁（标准差9.70），平均教龄15.72年（标准差10.71）。其中，男性764人（25.62%），女性2218人（74.38%）；汉族2602人（87.26%），少数民族380人（12.74%）；"高中/中专/技校"学历18人（0.60%），"大学专科"学历82人（2.75%），"大学本科"学历2256人（75.65%），"硕士研究生及以上"学历626人（20.99%）；"本人专业与所教科目"一致的教师2540人（85.18%），不一致的教师442人（14.82%）；中共党员1268人（42.52%），共青团员343人（11.50%），群众或其他1371人（45.98%）；小学学段1011人（33.90%），初中学段609人（20.42%），高中学段1362人（45.67%）；"语数外"教师1525人（51.14%），"理化生"教师440人（14.76%），"政史地"教师383人（12.84%），"音体美劳及其他"教师634人（21.26%）；月均工资"3000元及以下"215人（7.21%），"3001—5000元"833人（27.93%），"5001—8000元"896人（30.05%），"8001—10000元"761人（25.52%），"10000元以上"277人（9.29%）。

（二）研究工具

1. 主动性人格

采用李文东等人编制的主动性人格量表，① 共10道题目，采用5点计分，从1到5分别代表从"非常不同意"到"非常同意"。该量表的内部一致性信度（α系数）达到0.91，并通过将所有题目得分加总取均值来评价其主动性人格的水平，得分越高说明其主动性人格特质表现越明显。

---

① Li, W. D., Fay, D., Frese, M., Harms, P. D. and Gao, X. Y., "Reciprocal Relationship between Proactive Personality and Work Characteristics: A Latent Change Score Approach", *Journal of Applied Psychology*, Vol. 99, No. 5, 2014.

2. 知识共享

采用郑建君等人对中小学教师知识共享的测量工具,① 共 11 道题目,分两个维度来考察教师的知识共享意愿（7 道）与行为（4 道）；该量表采用 5 点计分,从 1 到 5 分别代表从"非常不同意"到"非常同意"。其中,知识共享意愿与行为两个维度的内部一致性信度（α 系数）分别为 0.95 和 0.94,整体的内部一致性信度（α 系数）达到 0.97；效度的复核检验结果显示,$\chi^2 = 1923.73$,$df = 42$,CFI = 0.95,TLI = 0.94,RMSEA = 0.123,SRMR = 0.027,各题目的载荷在 0.67—0.93 之间。

3. 工作投入

采用 Schaufeli 等人编制的工作投入简版量表,② 通过 9 道题目对工作投入的活力、奉献和专注等三个方面进行测量（每个维度 3 道题目）；该量表采用 7 点计分,从 1 到 7 分别代表"从来没有"、"几乎没有过"、"很少"、"有时"、"经常"、"十分频繁"和"总是"；量表中活力、奉献和专注等三个维度的内部一致性信度（α 系数）分别为 0.84、0.86 和 0.84,整体的内部一致性信度（α 系数）达到 0.94；效度的复核检验结果显示,$\chi^2 = 1326.44$,$df = 24$,CFI = 0.94,TLI = 0.91,RMSEA = 0.135,SRMR = 0.048,各题目的载荷在 0.67—0.90 之间。

4. 组织创新气氛

采用郑建君等人编制的组织创新气氛量表,③ 通过 23 道题目对激

---

① 郑建君、付晓洁：《中小学教师职业成长机会与知识共享的关系》,《教育研究》2018 年第 7 期。

② Schaufeli, W. B., Salanova, M., González-Romá, V. and Bakker, A. B., "The Measurement of Engagement and Burnout: A Two Sample Confirmatory Factor Analytic Approach", *Journal of Happiness Studies*, Vol. 3, No. 1, 2002.

③ 郑建君、金盛华、马国义：《组织创新气氛的测量及其在员工创新能力与创新绩效关系中的调节效应》,《心理学报》2009 年第 12 期。

励机制（4道）、领导躬行（3道）、团队协力（3道）、上级支持（4道）、资源保障（3道，反向计分）、组织促进（3道）和自主工作（3道）七个维度进行测量；该量表采用5点计分，从1到5分别代表"从来没有"、"基本没有"、"不清楚"、"有时如此"和"经常如此"；量表中七个维度的内部一致性信度（α系数）处在0.82—0.93之间，整体的内部一致性信度（α系数）达到0.95；效度的复核检验结果显示，$\chi^2 = 1992.87$，$df = 209$，$CFI = 0.97$，$TLI = 0.96$，$RMSEA = 0.054$，$SRMR = 0.033$，各题目的载荷在0.67—0.96之间。

（三）数据管理与分析策略

在本章研究中，假设模型包括两个层级：一是个体层级变量，包括主动性人格、工作投入和知识共享；另一是学校层级变量，即组织创新气氛。为此，将受访者对所在学校创新气氛的个体评价数据聚合到更高的学校层级，并对该变量作为学校层级变量的测量有效性进行检验，结果显示：Rwg为0.96（大于0.7）、ICC（1）为0.09（大于0.05）、ICC（2）为0.90（大于0.5）。由此可知，组织创新气氛的测量数据结果，符合将其聚合为更高的学校层级变量的要求。在后续对本章研究所提出的有调节的中介效应假设进行检验时，采用多水平结构方程模型分析（MSEM）和贝叶斯置信区间估计对研究假设进行验证。此外，在具体的分析过程中，本章研究对个体层级和学校层级的相关变量数据，分别进行了组均值中心化（Group-mean Centered）和总均值中心化（Grand-mean Centered）处理。

四 结果分析

（一）结构效度检验

在组织创新气氛被聚合为学校层级变量前，运用验证性因素分析考察主动性人格、工作投入、组织创新气氛和知识共享等四个变量的区分效度，以保证这四个构念分属于不同的变量。分别对基准模型和其他三个竞争备选模型（模型 A 将主动性人格与工作投入合并，模型 B 将工作投入与组织创新气氛合并，模型 C 将主动性人格、工作投入和组织创新气氛合并）进行了检验，结果如表 2-1 所示：相较于竞争模型 A、B、C，具有四个因素的基准模型的各项拟合指标表现最优，表明其变量之间的区分效度较好。

表 2-1　　　　　　　　验证性因素分析结果

	χ^2 (df)	CFI	TLI	RMSEA	$SRMR_{within}$	$SRMR_{between}$	$\Delta\chi^2$ (Δdf)
基准模型：PP；WE；KS；OIC	228.44 (39)	0.99	0.98	0.040	0.011	0.052	
模型 A：PP + WE；KS；OIC	2636.75 (44)	0.87	0.80	0.141	0.062	0.140	2408.31*** (5)
模型 B：PP；WE + OIC；KS	378.48 (43)	0.98	0.97	0.051	0.016	0.299	150.04*** (4)
模型 C：PP + WE + OIC；KS	2362.77 (47)	0.88	0.83	0.129	0.062	0.284	2134.33*** (8)

注：$N_{个体层级}=2982$；$N_{学校层级}=33$。

PP 代表"主动性人格"、WE 代表"工作投入"、KS 代表"知识共享"、OIC 代表"组织创新气氛"；＊＊＊代表 $p<0.001$。

（二）共同方法偏差检验

对于可能存在的共同方法偏差问题，本章采用两种方式对其予以检验：一是运用 Harman 单因素法对四个变量的 64 道题目进行探索性因素分析，其中首个因素解释了总变异的 18.96%，未出现测量题目聚集在特定因素上的情况；二是将所有题目聚集在一个因素上进行验证性因素分析，其拟合结果表现不佳，$\chi^2=75656.11$，$df=1325$，CFI = 0.48，TLI = 0.45，RMSEA = 0.137，SRMR = 0.128。由此认为，本章不存在可能会对研究结果产生严重干扰的共同方法偏差问题,可以进行后续的检验。

(三) 描述统计与相关分析结果

研究所关注各变量的均值、标准差以及相关分析结果如表2-2所示。其中,四个核心变量之间表现出显著的正相关关系。同时,性别、年龄、学科和月均工资等指标,也与所关注变量之间形成显著的相关关系。为此,这些指标将作为控制变量纳入后续的假设模型检验分析中。此外,有关平均变异萃取量的检验结果显示:AVE 值在 0.55—0.76 之间,不仅高于基准取值 0.5,同时大于各成对变量的相关系数平方。

表2-2　　　　　　　　描述统计结果与相关矩阵

	1	2	3	4	5	6	7	8
1. 性别	1.00							
2. 年龄	-0.17**	1.00						
3. 学科	-0.19**	0.05**	1.00					
4. 月均工资	0.00	0.33**	-0.03	1.00				
5. 主动性人格	-0.05**	-0.07**	0.03	0.03	(0.55)			
6. 工作投入	-0.04*	0.04*	0.04*	0.07**	0.68**	(0.68)		
7. 组织创新气氛	0.08**	-0.07**	0.00	0.15**	0.44**	0.52**	(0.74)	
8. 知识共享	0.11**	-0.04*	-0.04*	0.13**	0.43**	0.44**	0.53**	(0.76)
M	1.74	38.40	4.04	3.02	3.71	4.63	3.81	4.31
SD	0.44	9.70	1.22	1.09	0.56	1.04	0.70	0.59

注:* 表示 $p<0.05$,** 表示 $p<0.01$;对角线括弧中的数字为 AVE 值。

（四）多水平结构方程检验：有调节的中介模型

为验证工作投入和组织创新气氛在主动性人格与中小学教师知识共享关系中的中介作用和跨层级调节作用，我们采用多水平结构方程模型进行数据分析。在模型分析中，将受访教师的性别、年龄、学科和月均收入作为控制变量，分别对"1-1-1"类型的中介模型和"1-1×（2）-1"的跨层级的有调节的中介模型进行了检验。结果如表2-3所示。第一，在个体层级上，主动性人格对教师工作投入具有显著的正向预测作用（$\gamma=0.68$，$p<0.001$）。第二，将主动性人格（$\gamma=0.25$，$p<0.001$）和工作投入（$\gamma=0.28$，$p<0.001$）两个变量同时纳入对知识共享的预测模型，二者均表现出显著的正向预测作用；采用贝叶斯置信区间估计对工作投入的中介作用进行分析，其间接效应值达到0.19（$p<0.001$，95% CI [0.16，0.23]），后验标准差为0.02。第三，在"工作投入→知识共享"路径上，教师所在学校的组织创新气氛具有显著的跨层级调节作用（$\gamma=0.41$，$p<0.001$）。以$M±SD$为标准绘制交互作用图（见图2-2），并进行简单斜率检验，在组织创新气氛高分组（$b_{simple\ slope}=0.25$，$SE=0.02$，$t=11.23$，$p<0.001$）和低分组（$b_{simple\ slope}=0.07$，$SE=0.02$，$t=3.00$，$p<0.01$）中，工作投入均表现出对知识共享显著的正向预测作用。第四，组织创新气氛对"主动性人格→工作投入→知识共享"这一中介路径具有显著的调节作用。具体来看，在组织创新气氛高分组中，中介效应值为-0.16（$p>0.05$，95% CI [-0.39，0.08]）；在组织创新气氛低分组中，中介效应值为0.55（$p<0.001$，95% CI [0.31，0.78]）。结果表明，组织创新气氛调节了主动性人格通过工作投入影响个体知识共享的中介效应（有调节的中介效应值为0.51，$p<0.01$，95% CI [0.17，0.83]）。

表 2-3　　　　　基于多水平结构方程模型的假设检验结果

	工作投入		知识共享		知识共享	
	估计值	后验标准差	估计值	后验标准差	估计值	后验标准差
截距	4.38***	0.11	4.40***	0.07	4.45***	0.08
个体层级						
性别 = 男	-0.02	0.01	-0.10***	0.02	-0.13***	0.02
年龄	0.08***	0.02	-0.03	0.02	-0.002	0.001
学科 = 语数外	-0.02	0.02	0.05*	0.02	0.06*	0.03
学科 = 理化生	-0.02	0.02	0.05**	0.02	0.08**	0.03
学科 = 政史地	-0.01	0.02	0.02*	0.02	0.03	0.03
月均收入 = 3000 元及以下	-0.02	0.02	-0.04	0.03	-0.11*	0.06
月均收入 = 3001—5000 元	-0.03	003	-0.12***	0.03	-0.16***	0.05
月均收入 = 5001—8000 元	-0.02	0.03	-0.09**	0.03	-0.11**	0.04
月均收入 = 8001—10000 元	-0.01	0.02	-0.03	0.03	-0.05	0.04
主动性人格	0.68***	0.01	0.25***	0.02	0.26***	0.02
工作投入			0.28***	0.02	0.16***	0.01
跨层级交互						
工作投入×组织创新气氛					0.41**	0.14
组内方差	0.57***	0.02	0.25***	0.01	0.25***	0.01
组间方差	0.04***	0.02	0.01***	0.01	0.01**	0.01
R^2	0.47***		0.25***		0.25***	

注：*表示 $p<0.05$，**表示 $p<0.01$，***表示 $p<0.001$。

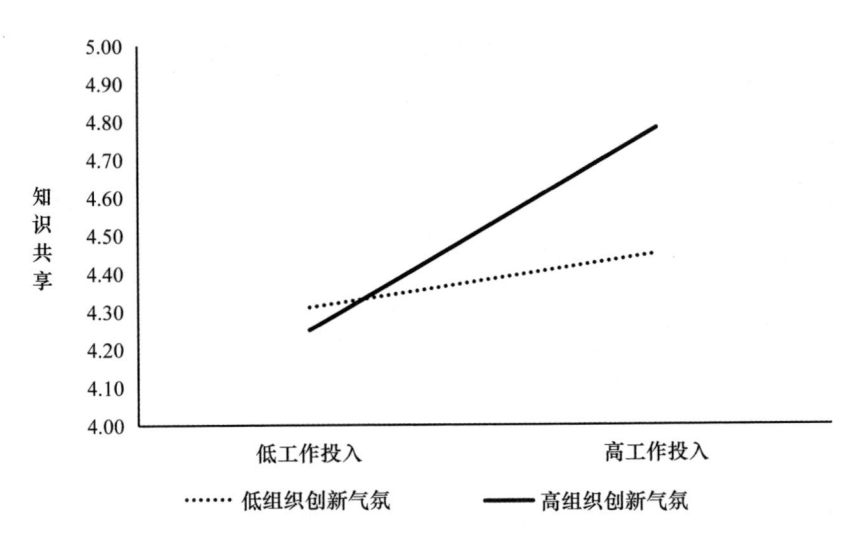

图 2-2　组织创新气氛对工作投入与知识共享的调节作用

五　讨论与总结

（一）结果讨论

依据工作需求—资源理论，本章构建了一个跨层次的有调节的中介模型，探讨基础教育情境中教师主动性人格与知识共享的关系机制，并对工作投入的中介作用和组织创新氛围的调节作用予以检验。结果显示：主动性人格对教师工作投入及知识共享都有显著的正向预测影响；作为一种工作资源，组织创新氛围不仅能够有效调节工作投入与知识共享的关系，同时对工作投入在主动性人格与教师知识共享中的中介效应也具有显著的调节作用。

首先，本章丰富了有关知识共享前因作用机制的认识。现有研究主要聚焦于主动性人格对角色内行为如工作绩效、工作满意度等方面的影响，[1] 而对于角色外行为（如知识共享）则关注较少，特别是关

---

[1] Seibert, S. E., Kraimer, M. L. and Crant, J. M., "What Do Proactive People Do? A Longitudinal Model Linking Proactive Personality and Career Success", *Personnel Psychology*, Vol. 54, No. 4, 2001.

于中小学教师主动性人格对知识共享的实证研究证据明显不足。本章研究检验了中小学教师主动性人格对其知识共享影响的路径，提出高主动性人格的教师通常会通过整合个体资源和工作资源来平衡工作需求，进而增加工作投入以提升工作成效，包括开展知识共享等角色外行为。同时，本章研究还发现，组织创新氛围显著调节工作投入与知识共享的关系；在高低组织创新氛围条件下，工作投入的中介效应差异显著。综上分析可知，作为一种个体资源，主动性人格具有管理和发展新资源的功能。一方面，通过促进生产积极工作行为来提升其工作投入；另一方面，教师在工作投入时更易于产生积极情感并表现出利组织行为。作为跨层级的调节因素，组织创新氛围在一定程度上增加了教师用于开展知识共享活动所需要的工作资源。本章研究通过对教师知识共享前因作用机制的分析，进一步明确了教师知识共享影响因素及其相互作用的边界条件。

其次，本章研究对于解释主动性人格影响知识共享的内在机理及作用条件，提供了新的分析框架。以往研究在分析主动性人格与个体角色内行为以及角色外行为之间的关系时，多采用特质激活理论、资源保存理论及自我决定理论等视角。[1] 鉴于工作需求—资源理论对各类工作特征及组织情境特性的适用性与解释力度，本章研究从资源角度切入分析变量间关系，不仅有助于理解教师资源管理的应激过程（满足工作需求的过程）和动机过程（促进工作投入及目标实现），也有助于理解中小学教师在工作需求与资源匹配过程中其个体资源和工作资源所对应的具

---

[1] Jiang, F., Lu, S., Wang, H., Zhu, X. and Lin, W., "The Roles of Leader Empowering Behaviour and Employee Proactivity in Daily Job Crafting: A Compensatory Model", *European Journal of Work and Organizational Psychology*, Vol. 30, No. 1, 2021; Haynie, J., Flynn, C. B. and Herda, D., "Linking Career Adaptability to Supervisor-Rated Task Performance: A Serial Mediation Model", *Career Development International*, Vol. 25, No. 4, 2020; Hon, A. H. Y., Fung, C. P. Y., and Senbeto, D. L., "Willingness to Share or Not to Share? Understanding the Motivation Mechanism of Knowledge Sharing for Hospitality Workforce", *Journal of Hospitality Marketing & Management*, Vol. 31, No. 1, 2022.

体场景，为知识共享影响机制的分析提供了新的理论视角。

最后，本章研究推进了对工作需求—资源理论的检验和发展。工作需求—资源理论认为，在工作中个体通过对资源进行整合和匹配以满足工作需求、实现工作目标。当环境中诸如社会支持、绩效反馈或自主性等支持性资源较为充足时，能够激发个体内外动机，培养个体努力回报组织的意愿，促进其成长、学习和发展、工作投入以及工作目标的实现，而当资源缺少且工作要求较高时，个体在工作中会感受到精力耗竭甚至产生离职意愿。以往研究将工作资源看作是影响个体发展和组织目标实现的主要因素，认为工作资源能够预测个体的工作投入进而影响工作成效。本章研究对该理论进行拓展，强调教师个体资源的影响以及工作资源的调节作用，将工作需求—资源理论所包含的"工作需求—资源匹配"影响路径，从工作完成的角色内行为扩展至角色外行为（例如知识共享）。

（二）实践启示

基于本章研究发现及相关结论，提出三点建议如下。第一，中小学校在教育教学管理实践中，应注重主动性人格作为教师个体工作资源的支持性作用与意义。具有明显主动性人格特质的教师，在工作状态（如工作投入）与角色外行为（如知识共享）等方面均有较积极的表现。对此，建议学校在教师招聘、学校人力资源开发等方面，应对具有主动性人格特质或在教学中表现出主动性工作行为的教师予以更多关注。同时，对工作中经常采取主动性行为、积极开展知识共享的教师予以更多肯定，并创设机会充分发挥其示范效应。第二，在给予表现出主动性工作行为教师以正面反馈和激励的同时，还需适时加强一线教师的师德风范、职业荣誉与追求等方面的提升、培育，引导其自觉将个人职业发展与学校办学质量提升的目标统一起来，使其愿意并在日常工作中予以更多投入和奉献。第三，从学校层面营造鼓励教师相互交流学习、分享教育教学知识技能的良好氛围。自主创新作为与知识共享等角色外行为性质相同的工作表现，其实施与否同样受到来自个体与组织支持性资源的影响。对此，应从领导和组织层面对其积极倡导、大力支持，使广大教师群体感受到学校对此类行为的态度取向及给予的实际支持，从而表现出更多的利组织行为。

（三）研究展望

尽管本章研究发现了主动性人格对知识共享的中介机制和调节机制，但是仍然存在着一些局限性，具体包括如下几点。第一，本章研究数据主要来自受访者的自我报告，且从变量关系角度来看，整体设计仍为截面数据结构，在因果关系确认、同源方法偏差以及变量内生性等方面存在不足，未来可通过采用多数据来源或纵向研究设计等方法收集数据。第二，关于变量的层级选择，本章研究主要集中于个体与组织层面对知识共享的影响，而现实情境中可能存在多种团队形式（例如教研组、年级组或者基于其他），由此形成的人际关系、信任程度等均会对知识共享产生影响。因此，未来关于知识共享影响机制的检验，可同时纳入其他团队形式以及对应的变量。第三，本章研究重点讨论了组织创新氛围的调节作用，而关于组织创新氛围与知识共享的关系机制尚未进行具体检验分析。组织创新氛围对个体内在动机的产生和发展起着重要作用，而内在动机的激活是影响知识共享形成与实现的一个重要变量。[①] 组织创新氛围作为工作资源能够满足个体发展的内在需要，进而激发个体知识共享动机，使个体有意愿进行知识共享。[②] 因此，未来的研究可以继续关注组织创新氛围与知识共享之间的中介变量（如个体态度、自我效能和主观规范等），通过对中介变量的分析以剖析二者之间的关系路径。

[①] 张定强：《教师知识共享的机制及实现策略》，《中国教育学刊》2018 年第 2 期。
[②] Xu, A., Yin, L., Ye, W., Wu, J. and Sun, L., "Effects of Organizational Climate and Talent Cultivation on Knowledge Sharing Intention in Ecotourism Industry-Based on Social Cognitive Theory", *Revistade Cercetare Si Interventie Sociala*, Vol. 70, No. , 2020.

第三章

利他动机与中小学教师知识共享的关系

一 引言

党的十九大报告提出,要让所有学生享有公平而有质量的教育。而教育质量的提升,离不开教师个人专业素养与学校整体办学质量的提升发展。在此过程中,知识管理发挥着重要的作用,[①] 特别是教师的知识共享能够有效地将个人知识转化为学校知识,进而提升整个学校的学习能力与办学水平。然而,教师在多数情况下并不会主动进行知识共享,一方面,知识累积和传播对学校意义重大,教师的知识共享可能会使其承担在组织中自我价值资源受损的风险;[②] 另一方面,教师的工作形式相对独立而较少互动,[③] 特别是中小学教师并未形成知识共享的习惯。因而,如何激发和提升教师的知识共享,成为本章重点关注的内容。

知识共享是个体将其所拥有的(内隐或外显)知识,通过恰当的

[①] 王健:《促进教师个人知识共享的学校知识管理策略》,《教育理论与实践》2005年第8期。

[②] Bock, G. W., and Kim, Y. G., "Breaking the Myths of Rewards: An Exploratory Study of Attitudes about Knowledge Sharing", *Information Resources Management Journal*, Vol. 15, No. 2, 2002.

[③] Silins, H. and Mulford, B., "Schools as Learning Organisations", *Journal of Educational Administration*, Vol. 150, No. 5, 2002.

方式有选择的传递给其他个体，进而实现个体之间知识的交流，从而提升组织的知识累积与绩效。[1] 以往研究发现，个人因素（动机、信任关系、人格等）和环境因素（组织氛围、团队特征、组织支持等）对个体的知识共享具有重要的影响。其中，利他主义是促使个体知识共享重要的动机类型。[2] 具有较高利他动机的个体，会表现出更多的助人行为，并较少关注个人权益的损失，进而在与他人的互动中表现出积极的知识共享意愿和行为。[3] 但是，由于教学绩效、班级考评、职称晋升等因素影响，相较于其他职业，学校教师之间可能存在更为激烈的竞争关系。在此背景下，利他动机对知识共享影响的作用条件，成为本章研究关注的重点。然而，个体的利他特质并不是影响其知识共享的唯一因素，即利他动机与知识共享的关系还可能受到其他变量的影响。相关研究指出，除个体因素外，与组织相关的支持性因素对知识共享也具有积极影响，[4] 例如组织认同和组织支持感。根据社会交换理论的互惠原则，出于对组织支持的回报，个体更有可能在心理上融入组织，形成归属和认同感，与组织内成员进行知识共享。[5]

---

[1] 杨玉浩、龙君伟：《企业员工知识分享行为的结构与测量》，《心理学报》2008年第3期；于米：《个人/集体主义倾向与知识分享意愿之间的关系研究：知识活性的调节作用》，《南开管理评论》2011年第6期。

[2] Chang, H. H. and Chuang, S. S., "Social Capital and Individual Motivations on Knowledge Sharing: Participant Involvement as a Moderator", *Information & Management*, Vol. 48, No. 1, 2011；曹科岩：《不同动机因素对教师知识分享行为的影响机制——基于广东高校的实证研究》，《现代教育科学》2012年第7期；李志宏、朱桃、赖文娣：《高校创新型科研团队隐性知识共享意愿研究》，《科学学研究》2010年第4期。

[3] Lin, H., "Effects of Extrinsic and Intrinsic Motivation on Employee Knowledge Sharing Intentions", *Journal of Information Science*, Vol. 33, No. 2, 2007；李文忠、王丽艳：《乐于助人、自我效能与组织支持感对知识分享行为的交互作用研究》，《科技管理研究》2013年第24期。

[4] Wang, S. and Noe, R. A., "Knowledge Sharing: A Review and Directions for Future Research", *Human Resource Management Review*, Vol. 20, No. 2, 2010.

[5] Coyle-Shapiro, A. M., Kessler, I. and Purcell, J., "Exploring Organizationally Directed Citizenship Behaviour: Reciprocity or 'It's My Job'?", *Journal of Management Studies*, Vol. 41, No. 1, 2004; Edwards, M. R., "HR, Perceived Organizational Support and Organizational Identification: An Analysis after Organizational Formation", *Human Resource Management Journal*, Vol. 19, No. 1, 2009; Jeung, C. W., Yoon, H. J., and Choi, M., "Exploring the Affective Mechanism Linking Perceived Organizational Support and Knowledge Sharing Intention: A Moderated Mediation Model", *Journal of Knowledge Management*, Vol. 21, No. 3, 2017.

因此，本章研究以社会交换理论作为分析框架，将组织认同和组织支持感作为调节变量，以研究利他动机在何种条件下对知识共享予以影响。

（一）利他动机与知识共享的关系

在知识经济时代，知识共享作为典型的角色外行为，对团队和组织的绩效具有显著的促进作用。然而，当组织内个体存在一定的竞争关系时，知识共享则有可能对个体的权益造成损害。人们出于对自身利益的考虑，往往不会主动进行知识共享。[1] 在此情景下，个体的知识共享主要源于利他动机的驱动，[2] 并具体表现为三种形式：一是个体的助人特质，个体愿意与他人主动分享知识而不求回报；二是互惠性利他，例如在人情关系社会中，个体所表现出的亲社会合作、互助行为；[3] 三是声誉导向利他，例如中国人价值观结构中表现出的"好人"取向，[4] 个体为了维护自身声誉或应然价值期望而做出利他行为。由此可见，利他动机对个体的亲社会行为（合作、互利或助人行为等）具有明显的促进作用。

从知识共享的性质来看，其具有鲜明的亲社会行为特征，[5] 是一种

---

[1] Bartol, K. M., and Srivastava, A., "Encouraging Knowledge Sharing: The Role of Organizational Reward Systems", *Journal of Leadership & Organizational Studies*, Vol. 9, No. 1, 2002; Bock, G. W., and Kim, Y. G., "Breaking the Myths of Rewards: An Exploratory Study of Attitudes about Knowledge Sharing", *Information Resources Management Journal*, Vol. 15, No. 2, 2002; 王健：《促进教师个人知识共享的学校知识管理策略》，《教育理论与实践》2005 年第 8 期。

[2] Davenport, T. H., and Prusak, L., *Working Knowledge: How Organizations Manage What They Know*, Boston, MA: Harvard Business School Press, 2000, p. 6.

[3] 钟山、金辉、赵曙明：《中国传统文化视角下高校教师教育博客知识共享意愿研究》，《管理学报》2015 年第 11 期。

[4] 金盛华、郑建君、辛志勇：《当代中国人价值观的结构与特点》，《心理学报》2009 年第 10 期。

[5] Lin, H., "Effects of Extrinsic and Intrinsic Motivation on Employee Knowledge Sharing Intentions", *Journal of Information Science*, Vol. 33, No. 2, 2007.

有利于组织发展的角色外行为,① 是组织公民行为重要的构成维度,②即知识共享与个体的亲社会、助人、合作、奉献等行为具有一致的属性特征。由此推断,个体的利他动机对其知识共享具有显著的正向影响。同时,有研究对二者关系也进行了实证分析。利他动机对个体的知识共享意愿与行为,表现出显著的正向影响。③ 特别是在以教师等知识员工为主体的组织中,利他动机可以有效地预测其成员的知识共享。④

由此,提出本章研究的假设 H_1:利他动机与教师的知识共享之间具有显著的正相关。

(二) 组织认同的调节作用

组织认同是个体与组织之间的心理联系强度,反映了个体对组织的归属感与认受度,是社会认同的特殊表现形式。⑤ 组织认同的提升有利于个体形成对组织具有积极影响的态度与行为(例如工作满意

---

① Srivastava, A., Bartol, K. M. and Locke, E. A., "Empowering Leadership in Management Teams: Effects on Knowledge Sharing, Efficacy, and Performance", *Academy of Management Journal*, Vol. 49, No. 6, 2006.

② Bateman, T. S., and Organ, D. W., "Job Satisfaction and the Good Soldier: The Relationship between Affect and Employee 'Citizenship'", *Academy of Management Journal*, Vol. 26, No. 4, 1983.

③ Chang, H. H., and Chuang, S. S., "Social Capital and Individual Motivations on Knowledge Sharing: Participant Involvement as a Moderator", *Information & Management*, Vol. 48, No. 1, 2011; Lin, H., "Effects of Extrinsic and Intrinsic Motivation on Employee Knowledge Sharing Intentions", *Journal of Information Science*, Vol. 33, No. 2, 2007; 李文忠、王丽艳:《乐于助人、自我效能与组织支持感对知识分享行为的交互作用研究》,《科技管理研究》2013年第24期。

④ 曹科岩:《不同动机因素对教师知识分享行为的影响机制——基于广东高校的实证研究》,《现代教育科学》2012年第7期;李志宏、朱桃、赖文娣:《高校创新型科研团队隐性知识共享意愿研究》,《科学学研究》2010年第4期;吴南中、刘云艳、彭飞霞:《幼儿教师人际信任与知识分享意愿的关系——兼论知识分享动机的调节作用》,《学前教育研究》2011年第9期。

⑤ Mael, F. A., and Ashforth, B. E., "Loyal from Day One: Biodata, Organizational Identification, and Turnover among Newcomers", *Personnel Psychology*, Vol. 48, No. 2, 1995; 高中华、赵晨:《工作场所的组织政治会危害员工绩效吗?基于个人—组织契合理论的视角》,《心理学报》2014年第8期。

度、角色外行为及高工作绩效等），而那些高组织认同的个体也常常表现出更高水平的角色内绩效和更多的角色外行为。[1] 个体的组织认同水平不仅与其知识共享具有显著正相关，而且通过提升组织认同可以显著增加知识共享行为，进而减小组织间的知识存量差距。[2] 根据组织认同理论，在个体与组织形成关联的动态过程中，那些具有高组织认同的个体为了维护自身组织成员身份，会做出更多的利组织行为。[3] 因此，具有较高组织认同的教师，为了学校的竞争和发展，会较少顾忌由于知识共享可能带来的个人优势减弱或利益损害，不论利他动机水平如何，都会表现出积极的知识共享；相反，如果对学校的认同较弱，则教师知识共享表现会更多受到其具有的利他动机的强弱影响。

由此，提出本章研究的假设 H_2：组织认同在利他动机与教师的知识共享之间具有显著的调节作用。教师的组织认同水平越低，利他动机与知识共享之间的正相关越强；反之，正相关越弱。

（三）组织支持感的调节作用

组织支持感是指个体感受到的来自组织的支持与关心，是个体知

---

[1] Dukerich, J. M., Golden, B. R. and Shortell, S. M., "Beauty is in the Eye of the Beholder: The Impact of Organizational Identification, Identity, and Image on the Cooperative Behaviors of Physicians", *Administrative Science Quarterly*, Vol. 47, No. 3, 2002; He, H., Pham, H. Q., Baruch, Y. and Zhu, W., "Perceived Organizational Support and Organizational Identification: Joint Moderating Effects of Employee Exchange Ideology and Employee Investment", *International Journal of Human Resource Management*, Vol. 25, No. 20, 2014; 姜红、孙健敏、姜金秋：《高校教师人格特征与工作绩效的关系：组织认同的调节作用》，《教师教育研究》2017年第1期。

[2] Carmeli, A., Atwater, L., and Levi, A., "How Leadership Enhances Employees' Knowledge Sharing: The Intervening Roles of Relational and Organizational Identification", *Journal of Technology Transfer*, Vol. 36, No. 3, 2011; Zhu, Y. Q., "Solving Knowledge Sharing Disparity: The Role of Team Identification, Organizational Identification, and In-Group Bias", *International Journal of Information Management*, Vol. 36, No. 6, 2016; 陈世平、胡艳军、王晓庄：《高校教师知识共享态度的相关研究》，《心理与行为研究》2011年第4期。

[3] Mael, F. A., and Ashforth, B. E., "Loyal from Day One: Biodata, Organizational Identification, and Turnover among Newcomers", *Personnel Psychology*, Vol. 48, No. 2, 1995.

觉到的组织如何看待其贡献并给予其关注的主观体验。① 根据社会交换理论的互惠原则,对于来自组织的支持与关心,个体会形成强烈的义务感和回报意愿,促使其更加关心组织利益并做出更多利组织行为,② 例如知识共享。大量研究发现,组织支持感对个体知识共享以及知识共享行为发生的频率,都具有促进作用。③

同时,组织支持使个体对组织的信任及履行组织义务职责的信心等得以加强,进而形成较高的组织归属感与认同感,④ 而在对相关工作行为的预测中,组织支持感和组织认同也往往具有显著的交互效应。⑤

---

① Eisenberger, R., Huntington, R., Hutchison, S., and Sowa, D., "Perceived Organizational Support", *Journal of Applied Psychology*, Vol. 71, No. 3, 1986; Rhoades, L. and Eisenberger, R., "Perceived Organizational Support: A Review of the Literature", *Journal of Applied Psychology*, Vol. 87, No. 4, 2002.

② Bowler, W. M., and Brass, D. J., "Relational Correlates of Interpersonal Citizenship Behavior: A Social Network Perspective", *Journal of Applied Psychology*, Vol. 91, No. 1, 2006; Edwards, M. R., "HR, Perceived Organizational Support and Organizational Identification: An Analysis after Organizational Formation", *Human Resource Management Journal*, Vol. 19, No. 1, 2009.

③ Coyle-Shapiro, A. M., Kessler, I. and Purcell, J., "Exploring Organizationally Directed Citizenship Behaviour: Reciprocity Or 'It's My Job'?", *Journal of Management Studies*, Vol. 41, No. 1, 2004; King, W. R., and Marks, P. V., "Motivating Knowledge Sharing Through a Knowledge Management System", *International Journal of Management Science*, Vol. 36, No. 1, 2008; Tawadros, T., "Developing the Theater of Leadership: An Exploration of Practice and the Need for Research", *Advances in Developing Human Resources*, Vol. 17, No. 3, 2015; 曹科岩、戴健林:《人力资源管理实践、组织支持感与员工知识分享行为关系研究》,《科技管理研究》2010年第24期;周海龙、田艳辉、王明辉、李永鑫:《真实型领导对教师知识分享行为的影响:组织支持感的中介和调节作用》,《心理与行为研究》2014年第2期。

④ Cropanzano, R. and Mitchell, M. S., "Social Exchange Theory: An Interdisciplinary Review", *Journal of Management*, Vol. 31, No. 6, 2005; Edwards, M. R., "HR, Perceived Organizational Support and Organizational Identification: An Analysis after Organizational Formation", *Human Resource Management Journal*, Vol. 19, No. 1, 2009; Jeung, C. W., Yoon, H. J., and Choi, M., "Exploring the Affective Mechanism Linking Perceived Organizational Support and Knowledge Sharing Intention: A Moderated Mediation Model", *Journal of Knowledge Management*, Vol. 21, No. 3, 2017.

⑤ Stinglhamber, F., Gillis, C., Teixeira, C. P., and Demoulin, S., "To be or Not to be Unionized? A Question of Organizational Support and Identification", *Journal of Personnel Psychology*, Vol. 12, No. 12, 2013; Van Knippenberg, D., Van Dick, R., and Tavares, S., "Social Identity and Social Exchange: Identification, Support, and Withdrawal from the Job", *Journal of Applied Social Psychology*, Vol. 37, No. 3, 2007.

当个体具有较高的组织支持感时，由于组织支持引发了个体较高的组织认同，使得利他动机对个体知识共享的诱发影响被组织因素的变量所主导或掩盖，即个体因为组织的支持、关注及其对组织的认同而表现出对组织强烈的回报义务感与更多的利组织行为，诸如具有明显角色外和组织公民行为特征的知识共享，而当个体具有较低的组织支持感时，其知识共享的发生则可能同时受到来自组织（组织认同）与个体（利他动机）两个方面变量的共同作用驱动。

由此，提出本章研究的假设 H_3：组织支持感显著地调节利他动机与组织认同对知识共享的交互效应。在低组织支持感条件组，教师利他动机与组织认同的交互效应对知识共享的作用显著，而在高组织支持感条件组，二者的交互效应对知识共享的作用不显著。

综上所述，本章研究拟探讨利他动机对教师知识共享的影响作用及组织因素变量的调节机制（见图3-1）。具体而言，教师利他动机与知识共享之间的关系受到组织认同的调节作用。同时，上述调节作用还受到组织支持感的高阶调节作用，即教师的组织支持感对其利他动机与组织认同的交互效应具有显著的调节作用。

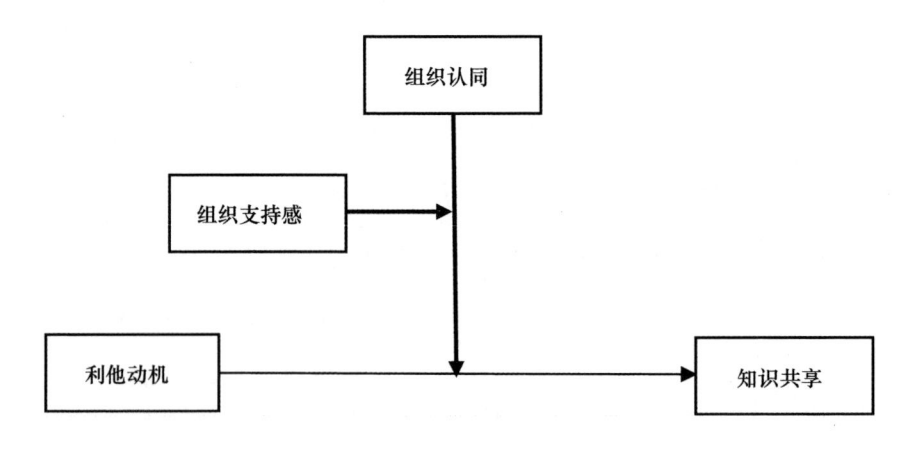

图3-1 研究假设模型

二 研究方法

（一）研究被试

从北京市海淀区和朝阳区各选取两个学区的20所中小学校（每个学区选取1所市级示范校、2所区级示范校和2所普通校），面向各校所有在编在岗的任课教师发放问卷1500份，收回有效问卷1342份（89.47%）。被试年龄在20—59岁之间（37.35 ± 8.20），平均教龄为15.11 ± 9.88年。其中，男性250人（18.63%），女性1089人（81.15%），信息缺失3人（0.22%）；在学段分布上，小学912人（67.96%），中学430人（32.04%）；"专科及以下"学历36人（2.68%），"本科"学历1132人（84.35%），"研究生及以上"学历167人（12.44%），信息缺失7人（0.52%）。

（二）研究工具

本章所用量表，已有研究者在中国情境下对其进行了翻译和修订，我们采用了相对应的中文版本。本书主要关注中小学教师，为此，我们对部分题目的表述进行调整（如将"同事"、"单位或公司"、"上司"分别调整为"老师"、"学校"、"领导"）。首先，由心理学专业背景的副教授、心理学硕士和教育学硕士3人对题目表述进行调整，以适应基础教育领域教师群体。其次，邀请中小学校的1名教学主管和2名普通教师提出修改意见。最后，请10名中小学教师试测，以排除可能存在的歧义内容。

1. 利他动机

采用Coyle-Shapiro的《组织公民行为》问卷中涉及利他行为因素的题目对教师的利他动机进行测量。[1] 问卷采用5点正向计分（1 = 一

---

[1] Coyle-Shapiro, A. M., "A Psychological Contract Perspective on Organizational Citizenship Behavior", *Journal of Organizational Behavior*, Vol. 23, No. 8, 2002.

点也不典型，5 = 非常典型），共 5 个题目（样例：帮助请假的其他老师完成工作）。将题目得分加总取均值，得分越高表示利他动机越高。在本章研究中，Cronbach's α 系数为 0.88；对其结构效度进行验证性因素分析，结果显示：χ^2 = 141.520，df = 5，CFI = 0.96，TLI = 0.92，RMSEA = 0.146，SRMR = 0.031。

2. 组织认同

采用 Smidts 等编制，由高中华和赵晨修订的中文版《组织认同》问卷，[①] 来测量教师对所在学校的认同程度。问卷采用 5 点正向计分（1 = 完全不同意，5 = 完全同意），共 5 个题目（样例：我与学校之间命运相连）。将题目得分加总取均值，得分越高表示对组织的认同程度越高。在本章研究中，Cronbach's α 系数为 0.85；对其结构效度进行验证性因素分析，结果显示：χ^2 = 182.515，df = 5，CFI = 0.97，TLI = 0.95，RMSEA = 0.167，SRMR = 0.022。

3. 组织支持感

采用 Eisenberger 等编制，由刘智强和邓传军等修订的中文版《组织支持感》问卷，[②] 对组织支持感进行测量。问卷采用 5 点正向计分（1 = 非常不同意，5 = 非常同意），共 6 个题目（样例：通常情况下，我的意见学校是会重视的）。将题目得分加总取均值，得分越高表示感知到的组织支持水平越高。在本章研究中，Cronbach's α 系数为 0.86；对其结构效度进行验证性因素分析，结果显示：χ^2 = 316.384，df = 9，CFI = 0.97，TLI = 0.94，RMSEA = 0.164，SRMR = 0.021。

4. 知识共享

知识共享变量包括知识共享意愿和行为两个维度。其中，知识共享意愿的测量，采用 Bock 等编制、于米修订的中文版《知识共享意

[①] 高中华、赵晨：《工作场所的组织政治会危害员工绩效吗？基于个人—组织契合理论的视角》，《心理学报》2014 年第 8 期。

[②] 刘智强、邓传军、廖建桥、龙立荣：《组织支持、地位认知与员工创新：雇佣多样性视角》，《管理科学学报》2015 年第 10 期。

愿》问卷,① 共 7 个题目（样例：我愿意经常与同事分享学习资料）；知识共享行为的测量，采用 Collins 等编制、田立法修订的中文版《知识共享行为》问卷,② 共 4 个题目（样例：通过与其他老师交流和共享知识，比自己独立完成工作任务更迅速）。问卷采用 5 点方式计分（1 = 非常不同意，5 = 非常同意），将题目得分加总取均值，得分越高表示知识共享的意愿越高、做出的知识共享行为越多。在本章研究中，知识共享意愿和行为两个维度的 Cronbach's α 系数分别为 0.84、0.85，问卷总的信度系数为 0.87；对其二维结构进行验证性因素分析，结果显示：$\chi^2 = 847.035$，$df = 43$，$CFI = 0.95$，$TLI = 0.93$，$RMSEA = 0.121$，$SRMR = 0.028$。

（三）数据收集与处理

在统一指导语的基础上，以学校为施测单位，要求参与调查的教师独立完成问卷作答，同时，采用 SPSS 24.0 和 Mplus 7.0 对数据进行管理和分析。在对共同方法偏差进行检验的基础上，进一步验证各变量之间的区分效度，随后进行描述统计分析，并对研究假设进行检验。

三 结果与分析

（一）共同方法偏差检验

本章研究采用被试自我报告的方式收集数据，不可避免会存在共同方法偏差的问题。为此，采用 Harman 单因素法对共同方法偏差进行检验。首先，对所有题目进行探索性因素分析，未旋转的主成分因素分析结果显示：12 个因子的特征根值大于 1，首个因子的方差解释

---

① 于米：《个人/集体主义倾向与知识分享意愿之间的关系研究：知识活性的调节作用》，《南开管理评论》2011 年第 6 期。
② 田立法：《高承诺工作系统驱动知识共享：信任关系的中介作用及性别的调节作用》，《管理评论》2015 年第 6 期。

率为 29.82%（低于临界标准 40%）。其次，运用验证性因素分析对单因素模型进行检验，结果显示模型拟合效果较差（$\chi^2 = 15732.02$，$df = 324$，CFI = 0.57，TLI = 0.54，RMSEA = 0.193，SRMR = 0.135）。通过上述两种方法的检验结果可知，共同方法偏差效应并未对本章研究结论产生严重影响。

（二）验证性因素分析

采用 Mplus7.0 对所关注的四个变量进行验证性因素分析（见表 3-1），结果显示：与四个竞争模型相比，基准模型（四因素：利他动机、组织支持感、组织认同和知识共享）对数据的拟合效果最佳。同时，在基准模型中，四组变量的因素载荷及 t 值均达到显著，说明本章研究所涉及的基准模型的各个变量，具有良好的区分效度。

表 3-1　　　　　　　各变量的验证性因素分析

模型结构	χ^2	df	CFI	TLI	RMSEA	SRMR	$\Delta\chi^2$	Δdf
基准模型：AM；POS；OI；KS	3057.96	318	0.92	0.92	0.082	0.039		
模型 A：AM；POS + OI；KS	7838.42	321	0.79	0.77	0.136	0.084	4780.46***	3
模型 B：AM + POS；OI；KS	6119.37	321	0.84	0.82	0.119	0.099	3061.41***	3
模型 C：AM + OI；POS；KS	5975.08	321	0.84	0.83	0.118	0.099	2917.12***	3
模型 D：AM + POS + OI；KS	10786.67	323	0.71	0.68	0.159	0.118	7728.71***	5

注：AM = 利他动机，POS = 组织支持感，OI = 组织认同，KS = 知识共享。

（三）描述统计分析

各变量的描述统计结果如表 3-2 所示，相关分析表明：除性别、学历外，其他人口学变量与知识共享均具有显著的相关；所关注的四

第三章 利他动机与中小学教师知识共享的关系

表3-2 各变量的均值、标准差和相关分析结果

	M	SD	1	2	3	4	5	6	7	8	9
1. 性别	0.81	0.39									
2. 年龄	37.35	8.2	-0.06*								
3. 教龄	15.11	9.88	-0.06*	0.94**							
4. 在职年限	8.85	7.59	-0.04	0.61**	0.62**						
5. 学历	2.1	0.38	0.12**	-0.23**	-0.31**	-0.23**					
6. AM	3.39	0.76	0.05	0.11**	0.14**	0.08**	-0.08**	(0.68)			
7. POS	3.43	0.79	-0.04	0.08**	0.11**	0.00	-0.02	0.30**	(0.84)		
8. OI	3.62	0.64	0.02	0.19**	0.20**	0.12**	-0.02	0.34**	0.54**	(0.83)	
9. KS	3.72	0.59	0.03	0.09**	0.11**	0.09**	0.00	0.35**	0.69**	0.42**	(0.76)

注：*$p < 0.05$，**$p < 0.01$；女性=1，男性=0，均值表示女性教师所占比例；专科及以下=1，本科=2，研究生及以上=3；AM=利他动机，POS=组织支持感，OI=组织认同，KS=知识共享；对角线括弧中的数字为AVE值。

个核心变量两两之间相关显著。此外，对利他动机、组织支持感、组织认同与知识共享四个变量的平均变异萃取量（AVE）进行检验，结果显示：AVE值在0.68—0.84之间（均高于0.5），且大于各成对变量相关系数的平方。

（四）假设模型检验

采用分层回归分析分别考察利他动机对中小学教师知识共享的影响作用，以及组织认同和组织支持感的调节作用。在进行模型检验前，对各预测变量进行标准化处理，并对年龄、教龄、在职年限等人口学变量指标予以控制。经检验，所有预测变量的方差膨胀因子值均未超过2.37（小于10），表明多重共线性问题并不严重。

本章研究采用层级回归对二阶和三阶交互假设进行检验，[①] 结果如表3-3所示。第一步加入控制变量年龄、教龄和在职年限。第二步检验变量主效应，利他动机、组织支持感对教师的知识共享具有显著的正向影响，组织认同的主效应不显著，方差解释量分别增加了50%。第三步检验二阶交互项，利他动机与组织认同、利他动机与组织支持感的交互影响显著，而组织认同与组织支持感的交互影响不显著，方差解释量增加了3%。将组织认同划分为高分组和低分组（$M \pm 1SD$），简单斜率检验结果显示（见图3-2）：不论是组织认同高分组（$b_{simple} = 0.12$，$SE = 0.02$，$t = 6.81$，$p < 0.01$），还是组织认同低分组（$b_{simple} = 0.15$，$SE = 0.02$，$t = 8.15$，$p < 0.001$），利他动机对知识共享具有显著正向影响。第四步检验组织支持感与组织认同、利他动机的三阶交互项，结果显示：三阶交互项对教师知识共享影响显著，其方差解释量增加了2%。将组织支持感、组织认同划分为高分

[①] Dawson, J. F., and Richter, A. W., "Probing Three-Way Interactions in Moderated Multiple Regression: Development and Application of a Slope Difference Test", *Journal of Applied Psychology*, Vol. 91, No. 4, 2006.

组和低分组（$M \pm 1SD$），简单斜率检验结果显示（见图3-3）：在组织支持感高分组条件下，不论是组织认同高分组（$b_{simple} = 0.01$，$SE = 0.02$，$t = 0.08$，$p > 0.05$）还是低分组（$b_{simple} = 0.02$，$SE = 0.01$，$t = 1.20$，$p > 0.05$），利他动机对知识共享的影响均不显著，而在组织支持感低分组条件下，不论是组织认同高分组（$b_{simple} = 0.08$，$SE = 0.02$，$t = 3.86$，$p < 0.01$）还是低分组（$b_{simple} = 0.19$，$SE = 0.02$，$t = 11.81$，$p < 0.001$），利他动机均对知识共享影响显著。

表3-3　　　　　　　　　　高阶调节作用的回归分析

	知识共享			
	M1	M2	M3	M4
年龄	-0.01*	0.00	0.00	0.00
教龄	0.01**	0.00	0.00	0.00
在职年限	0.00	0.01**	0.01**	0.01**
利他动机		0.09***	0.07***	0.06***
组织认同		0.00	-0.02	-0.02
组织支持感		0.39***	0.38***	0.38***
利他动机×组织认同			-0.04***	-0.04***
利他动机×组织支持感			-0.08***	-0.06***
组织认同×组织支持感			0.01	0.02*
利他动机×组织认同×组织支持感				0.03***
R^2	0.02	0.52	0.55	0.57
ΔR^2		0.50***	0.03***	0.02***
F	7.11***	227.43***	173.85	156.37***

注：*代表$p < 0.05$，**代表$p < 0.01$，***代表$p < 0.001$。

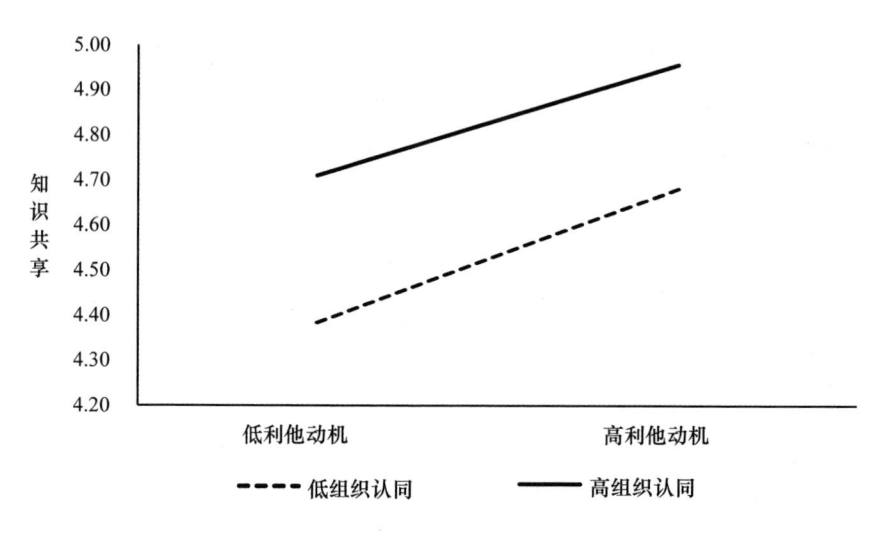

图 3-2　组织认同和利他动机的二阶交互作用

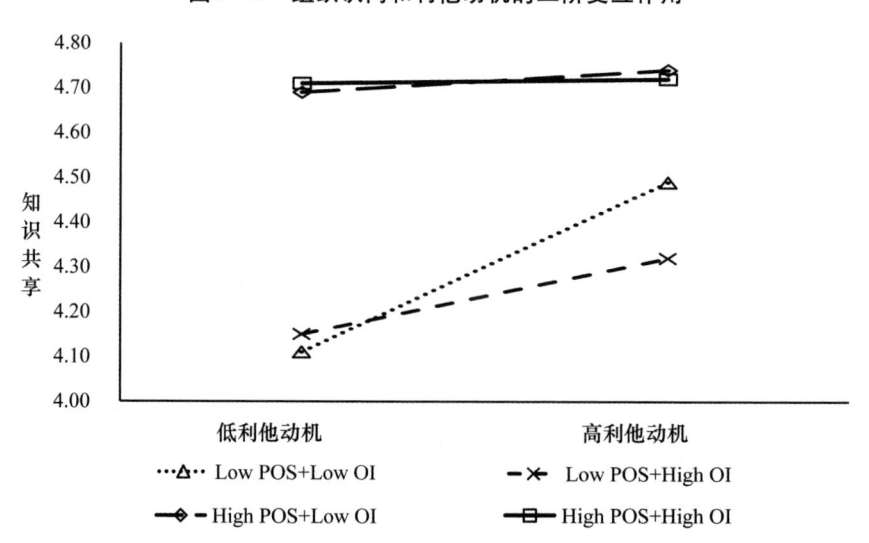

图 3-3　组织支持感（POS）、组织认同（OI）和利他动机的三阶交互作用

对四种情况下的回归斜率差异进行显著性检验（Dawson & Richter，2006），结果显示："高组织支持感、低组织认同"与"高组织支持感、高组织认同"的斜率差异不显著（$t=-0.31$，$p>0.05$），"高组织支持感、低组织认同"与"低组织支持感、低组织认同"的斜率差异显

著（$t = 4.01$，$p < 0.01$），"高组织支持感、低组织认同"与"低组织支持感、高组织认同"的斜率差异显著（$t = 3.37$，$p < 0.01$），"高组织支持感、高组织认同"与"低组织支持感、低组织认同"的斜率差异显著（$t = 11.34$，$p < 0.001$），"高组织支持感、高组织认同"与"低组织支持感、高组织认同"的斜率差异显著（$t = 5.97$，$p < 0.001$），"低组织支持感、低组织认同"与"低组织支持感、高组织认同"的斜率差异不显著（$t = 1.35$，$p > 0.05$）。

此外，本章研究分别以知识共享意愿和行为为结果变量，对模型假设进行检验，结果与本章研究假设检验一致，表明本章研究对模型假设的检验结果具有较高的稳健性。

四 分析与讨论

本章研究的主要目的是检验利他动机对中小学教师知识共享的影响效应，以及上述影响效应发生的作用条件。特别值得一提的是，本章研究将组织认同和组织支持感纳入对利他动机与知识共享关系的分析，构建了高阶调节作用模型。实证分析的结果支持了本章研究假设，即利他动机与中小学教师的知识共享具有显著的正相关，且该关系受到组织认同的调节。此外，组织认同、组织支持感与利他动机对知识共享具有显著的三阶交互效应。

（一）利他动机与中小学教师知识共享的关系

作为重要的个体特征变量，利他动机对员工的亲社会行为、组织公民行为及角色外行为等都表现出显著的正向预测作用。[1] 特别是那

---

[1] Lin, H. F., "Knowledge Sharing and Firm Innovation Capability: An Empirical Study", *International Journal of Manpower*, Vol. 28, No. 3/4, 2007；赵书松、廖建桥：《关系绩效考核对员工知识共享行为影响的实证研究》，《管理学报》2013年第9期。

些具有较高利他动机或较多助人行为的个体，往往会表现出更高、更多的知识共享意愿与行为。① 本章研究发现，中小学教师的知识共享同样受到来自利他动机的正向预测影响。个体的亲社会行为可能是由其利他动机所驱动的，具体到知识共享，拥有较高利他动机的个体往往具有较强的知识共享倾向，而较少考虑回报。但是，由于个体所具有的理性特质和利己性倾向，即便是那些具有高利他动机的知识拥有者，其利他动机与知识共享之间的作用关系也必然存在有一定的边界条件。② 对此，本章研究以组织认同和组织支持感为调节变量，将在后面的部分对二者的作用进行分析讨论。

（二）组织认同的调节作用

本章研究发现，组织认同对教师利他动机与知识共享之间的关系具有显著的调节作用。也就是说，在低组织认同条件下，利他动机对知识共享的正向预测作用更强。因为中小学教师的工作形式相对独立，且具有较高的个体竞争特征，知识对于教师在学校中的优势意义更为明显。因此，在高组织认同的情况下，教师与学校之间表现出更

---

① Chang, H. H. and Chuang, S. S., "Social Capital and Individual Motivations on Knowledge Sharing: Participant Involvement as a Moderator", *Information & Management*, Vol. 48, No. 1, 2011; 曹科岩：《不同动机因素对教师知识分享行为的影响机制——基于广东高校的实证研究》，《现代教育科学》2012 年第 7 期；李文忠、王丽艳：《乐于助人、自我效能与组织支持感对知识分享行为的交互作用研究》，《科技管理研究》2013 年第 24 期；李志宏、朱桃、赖文娣：《高校创新型科研团队隐性知识共享意愿研究》，《科学学研究》2010 年第 4 期；吴南中、刘云艳、彭飞霞：《幼儿教师人际信任与知识分享意愿的关系——兼论知识分享动机的调节作用》，《学前教育研究》2011 年第 9 期。

② Wu, W. L., Lin, C. H., Hsu, B. F. and Yeh, R. S., "Interpersonal Trust and Knowledge Sharing: Moderating Effects of Individual Altruism and a Social Interaction Environment", *Social Behavior & Personality an International Journal*, Vol. 37, No. 1, 2009; 李文忠、王丽艳：《乐于助人、自我效能与组织支持感对知识分享行为的交互作用研究》，《科技管理研究》2013 年第 24 期。

强的心理联结,促使个体更容易形成有利于组织发展的态度与行为,[1]进而分担或减弱了教师利他动机对其知识共享表现的驱动影响。而那些具有较低组织认同的教师对知识共享的认知,可能更多倾向于同事之间竞争以及知识共享本身对其自身权益带来的威胁,[2]而较少从组织与自我的关系及组织发展的角度理解知识共享。因此,只有那些具有较高利他动机的教师,才可能表现出较高的知识共享意愿和较多的知识共享行为。

(三) 组织支持感的调节作用

本章研究发现,在利他动机与组织认同交互效应对知识共享的影响中,组织支持感具有显著的高阶调节作用。简单斜率检验和斜率差异检验的结果表明:在组织支持感低的情况下,组织认同对利他动机与教师知识共享关系的调节作用表现显著,而在组织支持感高的情况下,该调节作用并不显著。同时,当教师具有低组织支持感、高组织认同时,利他动机对知识共享的正向预测作用显著低于当教师具有低组织支持感、低组织认同时的情况。这是因为:组织支持感和组织认

---

[1] Dukerich, J. M., Golden, B. R. and Shortell, S. M., "Beauty is in the Eye of the Beholder: The Impact of Organizational Identification, Identity, and Image on the Cooperative Behaviors of Physicians", *Administrative Science Quarterly*, Vol. 47, No. 3, 2002; He, H., Pham, H. Q., Baruch, Y. and Zhu, W., "Perceived Organizational Support and Organizational Identification: Joint Moderating Effects of Employee Exchange Ideology and Employee Investment", *International Journal of Human Resource Management*, Vol. 25, No. 20, 2014; Mael, F. A. and Ashforth, B. E., "Loyal from Day One: Biodata, Organizational Identification, and Turnover among Newcomers", *Personnel Psychology*, Vol. 48, No. 2, 1995.

[2] Bock, G. W. and Kim, Y. G., "Breaking the Myths of Rewards: An Exploratory Study of Attitudes about Knowledge Sharing", *Information Resources Management Journal*, Vol. 15, No. 2, 2002; Constant, D., Kiesler, S. and Sproull, L., "What's Mine is Ours, or is It? A Study of Attitudes about Information Sharing", *Information Systems Research*, Vol. 5, No. 4, 1994; 李晓巍、胡心怡、王萍萍、赵静、黄婧媛、刘力:《人际关系对归因过程及助人意愿的影响》,《中国健康心理学杂志》2006年第1期;王健:《促进教师个人知识共享的学校知识管理策略》,《教育理论与实践》2005年第8期。

同不仅对个体的知识共享具有显著的正向预测作用,[①] 同时个体组织支持感的提升也常常会伴随有组织认同的显著增强。[②] 在低组织支持感、低组织认同条件下,个体缺少因组织支持与关注所产生的回报意愿和因组织认同所形成的组织成员身份归属,而知识共享的发生对共享发出方而言,还伴随有因自我价值优势降低而产生的个人权益受损的风险。在利组织驱动不明显的情况下,利他动机成为个体完成知识共享重要的驱动来源。因此,相较于低组织支持感、高组织认同条件,利他动机对知识共享的正向预测作用在低组织支持感、低组织认同条件下更为显著。相反,在高组织支持感条件下,知识共享的发生一方面是源自对组织支持、投入的回报及促进组织发展的义务与责任,另一方面将对组织成员的帮助看作是推进个体知识向组织知识转化的重要内容。[③] 在某种程度上,这使得个体的知识共享已不局限于成员间的帮助行为,其受到利他动机的影响作用也相对较弱。

[①] Carmeli, A., Atwater, L. and Levi, A., "How Leadership Enhances Employees' Knowledge Sharing: The Intervening Roles of Relational and Organizational Identification", *Journal of Technology Transfer*, Vol. 36, No. 3, 2011; Jeung, C. W., Yoon, H. J., and Choi, M., "Exploring the Affective Mechanism Linking Perceived Organizational Support and Knowledge Sharing Intention: A Moderated Mediation Model", *Journal of Knowledge Management*, Vol. 21, No. 3, 2017; Zhu, Y. Q., "Solving Knowledge Sharing Disparity: The Role of Team Identification, Organizational Identification, and In-Group Bias", *International Journal of Information Management*, Vol. 36, No. 6, 2016; 曹科岩、戴健林:《人力资源管理实践、组织支持感与员工知识分享行为关系研究》,《科技管理研究》2010 年第 24 期;李文忠、王丽艳:《乐于助人、自我效能与组织支持感对知识分享行为的交互作用研究》,《科技管理研究》2013 年第 24 期。

[②] Cropanzano, R. and Mitchell, M. S., "Social Exchange Theory: An Interdisciplinary Review", *Journal of Management*, Vol. 31, No. 6, 2005; Edwards, M. R., "HR, Perceived Organizational Support and Organizational Identification: An Analysis after Organizational Formation", *Human Resource Management Journal*, Vol. 19, No. 1, 2009; Jeung, C. W., Yoon, H. J., and Choi, M., "Exploring the Affective Mechanism Linking Perceived Organizational Support and Knowledge Sharing Intention: A Moderated Mediation Model", *Journal of Knowledge Management*, Vol. 21, No. 3, 2017.

[③] Coyle-Shapiro, A. M., Kessler, I. and Purcell, J., "Exploring Organizationally Directed Citizenship Behaviour: Reciprocity Or 'It's My Job'?", *Journal of Management Studies*, Vol. 41, No. 1, 2004.

（四）实践启示

本章研究对提升中小学教师知识共享，具有一定的实践指导意义。第一，在教育管理实践中，一方面，要强化教师关于知识共享对个人与学校发展双重促进的认知，使教师形成利他助人、合作共赢的观念、意识，进而表现出更多的知识共享意愿与行为；另一方面，对于日常工作中涌现出的具有利他助人表现的教师，应在精神和物质等方面予以奖励并形成示范效应，最终在学校范围内营造出主动合作学习、积极互动交流的良好氛围，起到提升中小学教师知识共享表现的作用。第二，中小学校有其特殊性，学校管理考评机制和对知识累积的需求程度、教师的专业发展路径惯性与工作形式等，使得教师在知识共享后所面临的组织竞争优势丧失风险成为不争的事实。为此，管理者应充分注意到这一点并力争消除教师顾虑，通过采取相应的补偿措施或保障机制，使教师能够从知识共享中既取得成就感又获得安全感，从而在知识共享中有更积极的表现。第三，随着社会发展，如果再将个体的利他动机或"口号化"动员作为驱动教师知识共享的主要来源，其结果将是既无推进路径也无实现可能。为此，需要基于互惠双赢原则构建可持续推进知识共享的长效机制。中小学校应当加大对教师的支持力度，让教师感受到学校为其发展所给予的关注与投入，同时不断增强教师与学校的心理关联，使教师形成对学校强烈的回报义务和发展责任感，进而主动与同事分享和交流知识，推动学校的健康发展和教育教学质量的高效提升。

（五）结论与展望

本章研究以1342名教师样本为研究对象，探讨了利他动机对教师知识分享的预测作用及影响条件，得到以下结论：组织认同在教师利他动机对其知识共享的正向预测作用中具有显著的调节作用。同时，组织支持感还显著调节教师利他动机与组织认同对其知识共享的交互效应,即只有在组织支持感低的教师中,利他动机与组织认同对其知识共享的交互效应显著。此外,本章研究存在以下方面的不足,需在今后的研究中予以改进和提升。首先,本章研究数据的获取主要来自被试的自陈报告,由此可能会存在一定的偏差(方法效应、社会赞许等)影响,未来可考虑通过多时间点测量以获取匹配数据,或考虑通过多种途径完成数据收集,以提升数据的客观性与质量。其次,本章研究基于问卷法采用横断研究设计,其结果对变量之间的因果关系缺乏确认性,未来研究可尝试通过纵向追踪研究设计来进一步检验本章研究发现。再次,受研究资源限制,本章研究未能将组织认同和组织支持感两个变量转化为组织层面的变量纳入模型检验,未来研究可进一步扩大被试规模,尝试对不同层级的变量模型进行构建和检验。最后,利他或助人更偏向于个体间的单向关系,而中国文化背景下也强调由人情、关系引发的具有双向互惠性质的行为关系,故今后可在研究中纳入相关变量,以考察、比较两种人际模式背后的心理动因对知识共享的影响机制及作用条件。

第四章

人际信任助推中小学教师知识共享的作用机制

一 引言

习近平总书记指出,"教育兴则国家兴,教育强则国家强"。建设高质量教育体系,是党的十九届五中全会提出的重要目标。[①] 教师是教育高质量发展的中坚力量,为构建全口径教师发展体系,针对基础教育尤其是中小学教育领域,教育部等部门于 2022 年 4 月联合印发《新时代基础教育强师计划》,强调打造一批"新时代高素质专业化创新型中小学教师队伍",[②] 可见中小学教师队伍建设事关教育强国大计。优秀教师队伍绝非仅凭个体的独立发展形成,而是需要教师间打破知识隔阂,形成相互分享合作的组织氛围。但优秀的教学技能和经验很大程度上是个人的、抽象的、情境化的隐性知识,其复杂性、内隐性使得个体若无显著压力或诱因,

---

[①] 中国共产党中央委员会:《中共中央关于制定国民经济和社会发展第十四个五年规划和二〇三五年远景目标的建议》,《人民日报》2020 年 11 月 4 日第 1 版。

[②] 中华人民共和国教育部:《开启新时代高素质专业化创新型教师队伍建设新征程——教育部教师工作司负责人就〈新时代基础教育强师计划〉答记者问》,2022,http://www.moe.gov.cn/jyb_xwfb/s271/202204/t20220414_617221.html。

往往缺乏主动共享知识的意识和动机，从而限制了中小学教师队伍的发展空间。[①] 因此，如何推进中小学教师知识共享，是一亟待探讨的教育教学管理实践问题。

关于知识共享的驱动因素，已有研究在个人特质、动机以及情境层面形成了成熟分析框架，其中人际信任是个体和组织层面的重要因素。[②] 根据社会网络理论，人际信任有助于构成情感或互动密切的强连结关系，从而提升知识共享的意愿和效率，[③] 且强连结关系更易出现在组织内部。过往对于中小学教师知识共享机制的研究一般从个体和组织两个层面入手，并倾向于将人际信任对知识共享的影响简单归结为个体间互动的结果，[④] 忽略了个体与组织的交互作用，且国内关于知识共享的研究缺乏对本土化情境的分析，[⑤] 削弱了已有结论的跨文化解释力。因此，本章研究试图通过构建跨层级分析模式，并引入本土化情境变量，以探究中小学教师团队内人际信任影响知识共享的内在机制和边界条件。

"礼之用，和为贵。"在中国传统文化中，"和谐"是组织文化的重要目标，[⑥] 而和谐的组织氛围能够增进个体的合作行为：一方面，组织和谐意味着融洽的人际关系，[⑦] 有助于营造"和而不同"的环

[①] 林陵娜、施建刚、唐代中：《考虑知识隐藏的项目团队知识共享激励研究》，《科研管理》2015 年第 5 期；赵昌木：《创建合作教师文化：师徒教师教育模式的运作与实施》，《教师教育研究》2004 年第 4 期。

[②] Wang, S. and Noe, R. A., "Knowledge Sharing: A Review and Directions for Future Research", *Human Resource Management Review*, Vol. 20, No. 2, 2010.

[③] 翟东升、朱雪东、周健明：《人际信任对员工隐性知识分享意愿的影响——以隐性知识分享动机为干扰变量》，《情报理论与实践》2009 年第 3 期。

[④] 石艳、董虹伶：《基于元分析的教师知识共享影响因素研究》，《教育学报》2020 年第 4 期。

[⑤] 赵书松：《中国文化背景下员工知识共享的动机模型研究》，《南开管理评论》2013 年第 5 期。

[⑥] 张春虎、陈浩：《组织和谐气氛的概念、结构与测量》，《技术经济与管理研究》2011 年第 11 期。

[⑦] 王竹娟：《组织和谐的测量初探》，北京大学，硕士学位论文，2009 年。

境，鼓励个人想法的表达和人际互动，促进知识交流共享；① 另一方面，组织和谐也意味着组织对个人的利益保障，更易于形成员工尽职尽责、积极高效的氛围，进而提升个体组织公民行为的动机和效率。② 此外，组织和谐以个体间普遍的人际信任为基础，即人际信任通过增进个体间互动形成广泛的强连结社会网络，③ 且人际信任具有的认知与情感基础能够在此过程中减少人际冲突，提振教师对组织的信心，形成教师间坦诚相待、领导关怀教师需求的氛围，④ 从而促进组织和谐。由此，本章研究将组织和谐作为考察人际信任影响知识共享的中介路径。

此外，个体与组织两级变量之间的关系，易于受到个体和组织关系的影响。在中国文化情境下，组织内部往往存在一种"内""外"有别的"差序格局"，⑤ 个体的内部人身份意味着其和组织关联更紧密，而组织也能为其带来更多的资源。⑥ 根据资源保存理论，个体的初始资源禀赋决定其资源投资策略，相较于资源丰富者，资源短缺者更倾向于保护现有资源。⑦ 与此对应，内部人地位感知高的个体认为自身拥有更为丰富的资源，也更愿意投入资源构建更为发达的

---

① Chen, C. C., Ünal, A. F., Leung, K., and Xin, K. R., "Group Harmony in the Workplace: Conception, Measurement, and Validation", *Asia Pacific Journal of Management*, Vol. 33, No. 4, 2016.

② 王竹娟：《组织和谐的测量初探》，北京大学，硕士学位论文，2009 年。

③ 王娟茹、杨瑾：《信任、团队互动与知识共享行为的关系研究》，《科学学与科学技术管理》2012 年第 10 期；Krackhardt, D., "The Strength of Strong Ties-the Importance of Philos in Organizations", in N. Nohria and R. C. Eocles. eds., *Networks and Organizations: Structure, Form, and Action*, Boston: Harvard Business School Press, 1992。

④ 王智宁、吴应宇、叶新凤：《网络关系、信任与知识共享——基于江苏高科技企业问卷调查的分析》，《研究与发展管理》2012 年第 2 期。

⑤ 尹洪娟、杨静、王铮、李琛：《"关系"对知识分享影响的研究》，《管理世界》2011 年第 6 期。

⑥ Stamper, C. L. and Masterson, S. S., "Insider or Outsider? How Employee Perceptions of Insider Status Affect their Work Behavior", *Journal of Organizational Behavior*, Vol. 23, No. 8, 2002.

⑦ Hobfoll, S. E., "Conservation of Resources-a New Attempt at Conceptualizing Stress", *American Psychologist*, Vol. 44, No. 3, 1989.

社会网络,[①] 从而增进人际信任对组织和谐的促进作用;反之,内部人地位感知低的个体认为自身资源不足,恐惧于投入资源构建社会网络而不得回报,其所拥有的社会网络也更为稀疏,抑制了人际信任对组织和谐的影响。因此,本章研究进一步考察内部人地位感知对人际信任和组织和谐关系所起的调节作用。

综上所述,本章研究拟检验中小学教师人际信任对其知识共享的影响机制,并整合了社会网络理论和资源保存理论,运用跨层次分析方法,将具有本土特色的组织和谐和内部人地位感知变量纳入分析框架,重点考察组织和谐的中介效应和内部人地位感知的调节效应。本章研究基于中小学教师群体知识共享所构建的有调节的跨层次中介模型,展现了个体—组织—个体层次的互动形态,过程变量具有鲜明的本土特色,增强了研究的理论和实际意义。

二 文献综述与研究假设

(一) 人际信任与知识共享

人际信任是个体在人际互动交往过程中建立起来的对交往对象的言辞、承诺等可靠程度的一种认知和期望,是一种利于合作沟通的组织黏合剂。[②] 知识共享被认为是一种交换、互动或合作,并可界定为一种积极的过程、效果或行为,[③] 本书将知识共享界定为个体和组织内其他个体交换知识,并能有效提升彼此知识水平和工作效率的合作行为。首先,作为一种智力资源,教师群体有关教育教学的知识技能的水平,直接决定着其教学质量的高低,同时也对其绩效和薪酬等具

[①] 李燕萍、郑馨怡、刘宗华:《基于资源保存理论的内部人身份感知对员工建言行为的影响机制研究》,《管理学报》2017年第2期。

[②] 林丽、张建新:《人际信任研究及其在组织管理中的应用》,《心理科学进展》2002年第3期。

[③] 周密、刘倩、梁安:《组织内成员间知识共享的影响因素研究》,《管理学报》2013年第10期。

有重要影响,故该群体的知识共享及其后效也兼具有明显的经济行为属性。根据社会网络理论,经济行为嵌入社会网络的信任结构之中,信任是经济活动的重要基础,① 激励并约束着合作。高信任关系使人们自愿分享信息资源,提升了社会交换和合作互动的可能性,使个体更愿意承担合作中的风险,抑制合作中的投机行为(如知识隐藏),省去监督带来的合作成本。② 其次,人际关系可按照情感或互动密切与否分为强连结和弱连结,人际信任往往蕴含于强联结之中,③ 而信任具有的可靠期望又会增进情感和互动,从而对所形成的强连结予以巩固。④ 强连结构成的关系网络,不仅保证了知识共享双方的接触,提升了知识共享方和接收方的匹配效率,同时缩短了双方的空间与心理距离,提升了知识尤其是隐性知识的接收效率。⑤ 最后,以附着在人际关系网络上的人际信任等各种资源为主要构成的社会资本,促进着个体的知识交换,而知识交换的过程又进一步推进了人际关系,发展了社会资本。实证研究已表明,相互信任的各方更愿意合作,并在合作中进一步强化对彼此的信任。⑥ 由此可见,人际信任与知识共享可相互强化。综上,人际信任从增强共享动机、降低共享成本、提升共享效率等方面促进了知识共享,并与知识共享形成自励循环。

---

① Granovetter, M., "Economic-Action and Social-Structure-the Problem of Embeddedness", *American Journal of Sociology*, Vol. 91, No. 3, 1985.
② Yen, Y., Tseng, J. and Wang, H., "The Effect of Internal Social Capital on Knowledge Sharing", *Knowledge Management Research & Practice*, Vol. 13, No. 2, 2015.
③ Granovetter, M. S., "The Strength of Weak Ties", *American Journal of Sociology*, Vol. 78, No. 6, 1973.
④ Krackhardt, D., "The Strength of Strong Ties-the Importance of Philos in Organizations", in N. Nohria and R. C. Eocles. eds., *Networks and Organizations: Structure, Form, and Action*, Boston: Harvard Business School Press, 1992, pp. 216 – 239.
⑤ 张旭、张嵩:《隐性知识转移中的社会网络因素研究综述》,《情报杂志》2009 年第 12 期。
⑥ Nahapiet, J. and Ghoshal, S., "Social Capital, Intellectual Capital, and the Organizational Advantage", *Academy of Management Review*, Vol. 23, No. 2, 1998.

基于以上分析，本章研究提出假设 H₁：人际信任对知识共享具有显著正向影响。

（二）组织和谐的中介作用

和谐是个体内心平和、满足的一种心理状态，具有促进人际关系融洽、解决和避免冲突的功能，是中华文化所推崇的一种重要的人格特质。① 组织和谐反映了成员之间以及成员和组织整体之间普遍的关系协调状态，包括人际融洽、组织保障和员工高效三个维度，是一种有利于组织绩效的积极状态，② 也是一种组织文化形态的追求。③ 根据社会网络理论，对同事的信任有助于增进组织成员的沟通和凝聚力、改善工作关系，对领导的信任则会使组织成员出于对奖赏的预期而提升工作积极性和互动性，二者共同激发个体间互动，④ 进而促进强连结人际关系的形成，⑤ 这一过程从不同方面促进着组织和谐。基于信任产生的原因，人际信任可分为认知型信任和情感型信任。⑥ 认知型信任建立在个体对受信方一定能力认知的基础上，互动能使同事之间进一步了解彼此能力差异，明确分工与合作方式，减少冲突；使

---

① Cheung, F. M., Leung, K., Fan, R. M., Song, W. Z., Zhang, J. X. and Zhang, J. P., "Development of the Chinese Personality Assessment Inventory", *Journal of Cross-Cultural Psychology*, Vol. 27, No. 2, 1996.

② 王竹娟：《组织和谐的测量初探》，北京大学，硕士学位论文，2009 年；Unal, A. F., Chen, C. C., and Xin, K. R., "Justice Climates and Management Team Effectiveness: The Central Role of Group Harmony", *Management and Organization Review*, Vol. 13, No. 4, 2017。

③ 张春虎、陈浩：《组织和谐气氛的概念、结构与测量》，《技术经济与管理研究》2011 年第 11 期。

④ 王娟茹、杨瑾：《信任、团队互动与知识共享行为的关系研究》，《科学学与科学技术管理》2012 年第 10 期。

⑤ Krackhardt, D., "The Strength of Strong Ties-the Importance of Philos in Organizations", in N. Nohria and R. C. Eocles. eds., *Networks and Organizations: Structure, Form, and Action*, Boston: Harvard Business School Press, 1992, pp. 216 - 239.

⑥ Mcallister, D. J., "Affect-Based and Cognition-Based Trust as Foundations for Interpersonal Cooperation in Organizations", *Academy of Management Journal*, Vol. 38, No. 1, 1995.

下属进一步认同领导的能力,进而提振对组织的信心,促进组织和谐,并为情感型信任提供可信基础。情感型信任建立在个体对受信方一定情感依赖的基础上,在频繁互动的过程中能够使组织成员形成较为一致的价值和利益取向,在相互依赖和理解的基础上产生出于感情的心理认同,进而愿意交流自己的真实想法,坦诚相待,也使组织领导更加关心下属需求,提升组织保障力度,从而形成包容、融洽的组织氛围。[1]

同时,作为一种社会资本,组织和谐具有促进知识在关系网络中流动的作用。一方面,组织和谐并非一味强调成员观点的一致,而是力图寻求一种在个体自主和组织统一之间的平衡,并鼓励不同观点间的交流碰撞。[2]因此,组织和谐不仅能够营造出一种开放轻松的交流氛围,使成员各抒己见,提升知识分享的动机。同时,这种自由交流为并无关系或关系较弱的成员创造了互动可能,有利于组织内新的人际关系形成和既有连结的强化,增加了可供知识共享的网络密度和强度。另一方面,组织和谐反映了组织和成员之间关系的融洽,即组织在给予成员足够的物质与精神关怀的同时,成员士气得到提振,从而愿意为组织目标尽责投入、高效工作,这一关系为知识共享提供了情感和利益基础。[3]对中小学教师而言,知识共享有益于普及优秀教学方法,并使其在交流中获得进一步优化,从而提升学校办学水平,是一种典型的组织公民行为。因此,相较于知识共享的成本和自身竞争优势的损失,组织和谐氛围下的个人会优先考虑组织利益从而放弃知

---

[1] 王智宁、吴应宇、叶新凤:《网络关系、信任与知识共享——基于江苏高科技企业问卷调查的分析》,《研究与发展管理》2012年第2期。
[2] Chen, C. C., Ünal, A. F., Leung, K. and Xin, K. R., "Group Harmony in the Workplace: Conception, Measurement, and Validation", *Asia Pacific Journal of Management*, Vol. 33, No. 4, 2016.
[3] 王竹娟:《组织和谐的测量初探》,北京大学,硕士学位论文,2009年;Chen, C. C., Ünal, A. F., Leung, K. and Xin, K. R., "Group Harmony in the Workplace: Conception, Measurement, and Validation", *Asia Pacific Journal of Management*, Vol. 33, No. 4, 2016。

识隐藏，并为了提升组织其他成员的知识水平而设法更高效地分享知识。

综上，组织和谐以组织成员的人际信任为基础，并对成员间知识共享产生促进作用。实证研究也表明，组织和谐能够促进组织内的互助行为。[1]

由此，本章研究提出假设 H_2：组织和谐在人际信任对知识共享的影响中具有显著中介作用。

（三）内部人地位感知的调节作用

内部人地位感知是个体对自己作为组织成员所获得的个人空间和接受程度的感知，[2] 反映了个体感知到自己是组织内部人的程度。[3] 同时，内部人彼此结合形成一种独特的关系网络，被称为"圈子"，这种关系网络更多地奉行情感和信任的互利原则而非基于精确算计的人情交换。一旦个体被一个"圈子"接纳，则易于获得来自圈内领导的培训、提拔等资源倾斜和成员的帮助，并借助圈子实现自身社会网络的拓展。[4]

根据前文分析，互动是人际信任促进组织和谐的过程机制，而互动频率与效果是社会网络强度的重要维度，[5] 故对社会网络的

---

[1] Unal, A. F., Chen, C. C., and Xin, K. R., "Justice Climates and Management Team Effectiveness: The Central Role of Group Harmony", *Management and Organization Review*, Vol. 13, No. 4, 2017.

[2] Masterson, S. S., and Stamper, C. L., "Perceived Organizational Membership: An Aggregate Framework Representing the Employee-Organization Relationship", *Journal of Organizational Behavior*, Vol. 24, No. 5, 2003.

[3] Stamper, C. L., and Masterson, S. S., "Insider Or Outsider? How Employee Perceptions of Insider Status Affect their Work Behavior", *Journal of Organizational Behavior*, Vol. 23, No. 8, 2002.

[4] 李智超、罗家德：《中国人的社会行为与关系网络特质——一个社会网的观点》，《社会科学战线》2012 年第 1 期。

[5] Granovetter, M. S., "The Strength of Weak Ties", *American Journal of Sociology*, Vol. 78, No. 6, 1973.

资源投入影响着人际信任和组织和谐的关系强度。作为社会资源的一种类型，社会网络自身的拓展能够提升网络内资源投资的收益，因此对于社会网络的投入关乎个人资源的存量和增量。根据资源保存理论，个体的初始资源禀赋决定其资源投资策略，资源丰富者倾向于通过投资扩大既有资源规模，而资源短缺者倾向于保护现有资源避免损失。[1] 因此，内部人地位感知高的个体认为自身处于"圈子"内，拥有更为发达的社会网络和组织支持带来的更为丰富的资源，且看重网络扩展的潜在收益。他们更愿意同其他成员建立紧密关系，并提升自己和组织的匹配度，以进一步扩展自己的社会网络。[2] 社会网络的扩展带来更多同组织成员高效交流彼此价值和利益取向的互动机会，促进着和谐组织氛围的形成。反之，内部人地位感知低的个体认为自身缺乏社会网络及组织支持，从而担心投入资源构建社会网络而不能得到回报，因此其所拥有的社会网络也更为稀疏，从而难以形成与组织成员的有效互动，且增加了组织内人际冲突和催生工作场所偏差行为的隐患，[3] 故不利于组织和谐的形成。

综上，本章研究提出假设 H_3：内部人地位感知高的个体对人际信任和组织和谐之间的关系起调节作用，并对人际信任通过组织和谐对知识共享的间接效应起调节作用。

如图 4-1 所示，本章研究构建了一个跨层级的有调节的中介模型，以检验人际信任对中小学教师知识共享的影响机制与条件。

---

[1] Hobfoll, S. E., "Conservation of Resources-a New Attempt at Conceptualizing Stress", *American Psychologist*, Vol. 44, No. 3, 1989.

[2] 李燕萍、郑馨怡、刘宗华：《基于资源保存理论的内部人身份感知对员工建言行为的影响机制研究》，《管理学报》2017 年第 2 期。

[3] Stamper, C. L., and Masterson, S. S., "Insider or Outsider? How Employee Perceptions of Insider Status Affect their Work Behavior", *Journal of Organizational Behavior*, Vol. 23, No. 8, 2002.

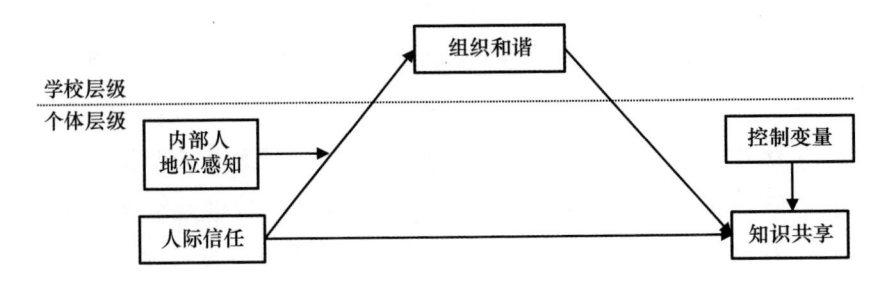

图 4-1 本章研究的假设模型

三 研究方法与过程

（一）样本情况

基于教育部校长培训数据库系统，本章研究随机抽取50所中小学校，实际接受邀请的学校46所；以参与调查人数不少于该校实际教学岗教师（在岗在编）总数80%为标准，共有33所中小学校的数据进入最终的统计分析，共计教师2982名，涉及24个省份（自治区、直辖市）。具体来看，2982名教师中，其平均年龄38.40岁（标准差9.70），平均教龄15.72年（标准差10.71），平均校龄11.77年（标准差9.08）；"本人专业与所教科目"一致的教师2540人（85.18%），不一致的教师442人（14.82%）。其他人口学指标的数据及分布比例见表4-1。

（二）数据收集

1. 人际信任

采用姚唐等人发展的人际信任调查问卷，[①] 该问卷包含一个维度，共计3道题目，使用7点计分，从1到7分别代表从"非常不同意"到

---

① 姚唐、黄文波、范秀成：《基于组织承诺机制的服务业员工忠诚度研究》，《管理世界》2008年第5期。

"非常同意",最终通过对所有题目得分加总取均值来衡量其人际信任水平。使用本次调查数据计算该问卷信度,其 Cronbach's α 系数为 0.87。

表 4-1　　　　　　　　　样本结构及分布情况

指标	分类	频次（人）	比例	指标	分类	频次（人）	比例
性别	男	764	25.62%	民族	汉族	2602	87.26%
	女	2218	74.38%		少数民族	380	12.74%
政治面貌	中共党员	1268	42.52%	学段	小学	1011	33.90%
	共青团员	343	11.50%		初中	609	20.42%
	群众或其他	1371	45.98%		高中	1362	45.67%
学历	高中/中专/技校	18	0.60%	月均工资	3000 元及以下	215	7.21%
	大学专科	82	2.75%		3001—5000 元	833	27.93%
	大学本科	2256	75.65%		5001—8000 元	896	30.05%
	硕士研究生及以上	626	20.99%		8001—10000 元	761	25.52%
学科	语数外	1525	51.14%		10000 元以上	277	9.29%
	理化生	440	14.76%				
	政史地	383	12.84%				
	音体美劳及其他	634	21.26%				

2. 组织和谐

采用王竹娟编制的组织和谐调查问卷,[1] 该问卷包含有人际融洽、组织保障、员工高效三个维度,每个维度 3 道题目,共计 9 道题目;问卷使用 5 点计分,从 1 到 5 分别代表从"非常不符合"到"非常符合"。人际融洽、组织保障、员工高效三个维度的 Cronbach's α 系数分别为 0.89、0.94 和 0.95,整体的信度系数为 0.96;复核效度检验的结果显示:$\chi^2 = 670.20$, $df = 24$, CFI = 0.98, TLI = 0.97, RMSEA =

---

[1]　王竹娟:《组织和谐的测量初探》,北京大学,硕士学位论文,2009 年。

0.095，SRMR=0.018，各题目的载荷在0.75—0.94之间。

3. 知识共享

采用郑建君等修订的调查问卷对中小学教师知识共享进行测量，① 该问卷通过11道题目对教师的知识共享意愿（7道）与行为（4道）予以考察；问卷使用5点计分，从1到5分别代表从"非常不同意"到"非常同意"。在信度指标上，知识共享意愿与行为两个维度的Cronbach's α系数分别为0.95和0.94，整体的信度系数为0.97；复核效度检验的结果显示：χ^2=1923.73，df=42，CFI=0.95，TLI=0.94，RMSEA=0.123，SRMR=0.027，各题目的载荷在0.67—0.93之间。

4. 内部人地位感知

采用刘智强等人发展的内部人地位感知问卷，② 该问卷包含一个维度，共计5道题目，使用5点计分，从1到5分别代表从"非常不同意"到"非常同意"，其中反向计分题目3道，并采用所有题目得分加总取均值计算最后得分。使用本次调查数据计算信度，其Cronbach's α为0.86。

（三）统计分析策略

在本章研究中，假设模型是一个"1×（1）−2−1"结构的有调节的中介效应模型。其中，预测变量人际信任、结果变量知识共享和调节变量内部人地位感知是个体层级变量，而中介变量组织和谐是学校层级变量。在具体分析过程中，采用将受访者的组织和谐评价数据聚合到学校层级，对该变量的聚合有效性进行检验的结果显示：Rwg为0.94（大于0.7）、ICC（1）为0.32（大于0.05）、ICC（2）为0.98（大于0.5）。由此判定，将组织和谐的测量数据聚合为更高层级的学校变量，

---

① 郑建君、付晓洁：《中小学教师职业成长机会与知识共享的关系》，《教育研究》2018年第7期。

② 刘智强、邓传军、廖建桥、龙立荣：《组织支持、地位认知与员工创新：雇佣多样性视角》，《管理科学学报》2015年第10期。

第四章 人际信任助推中小学教师知识共享的作用机制

符合相关的测量学要求。此后,采用多水平结构方程模型(MSEM)和贝叶斯置信区间估计对中介变量在 level 2 水平的有调节的中介模型进行检验。同时,对个体层级预测变量、调节变量和学校层级的中介变量,进行总均值中心化(Grand-mean Centered)处理。

四 结果与分析

(一) 验证性因素分析

以个体层面数据形式对本章研究所关注的四个核心变量的区分效度进行检验,进而考察人际信任、组织和谐、内部人地位感知和知识共享四个构念是否分属于不同的变量。多水平验证性因素分析的结果显示(见表 4-2):与构建的三个竞争备选模型(模型 A 将人际信任和组织和谐合并为一个因素,模型 B 将组织和谐与内部人地位感知合并为一个因素,模型 C 将人际信任、组织和谐和内部人地位感知合并为一个因素)的拟合结果相比,四因素基准模型的拟合效果最佳,表明四个变量之间具有较好的区分效度。

表 4-2　　　　　　　　　验证性因素分析结果

	χ^2 (df)	CFI	TLI	RMSEA	$SRMR_{within}$	$SRMR_{between}$	$\Delta \chi^2$ (Δdf)
基准模型: PT; OH; ISP; KS	474.16 (75)	0.98	0.97	0.042	0.011	0.059	
模型 A: PT + OH; ISP; KS	1885.11 (78)	0.91	0.86	0.088	0.158	0.066	1410.95*** (3)
模型 B: PT; OH + ISP; KS	7316.42 (78)	0.62	0.41	0.176	0.192	0.055	6842.26*** (3)
模型 C: PT + OH + ISP; KS	3059.87 (82)	0.85	0.77	0.110	0.129	0.097	2585.71*** (7)

注:PT 代表"人际信任",OH 代表"组织和谐",ISP 代表"内部人地位感知",KS 代表"知识共享";***代表 $p < 0.001$。

（二）共同方法偏差检验

为排除共同方法偏差效应对变量关系结果的干扰影响，本章研究采用两种方法对其程度水平进行检验。一是采用 Harman 单因素法对测量问卷的所有题目进行探索性因素分析，28 道题目汇聚在四个因子上，其中首个因子的方差解释率为 30.15%（总解释率为 77.60%）。二是采用多水平验证性因素分析将所有题目汇聚在一个因子上，结果显示单因素模型的拟合结果欠佳，$\chi^2 = 9238.77$，$df = 84$，$CFI = 0.52$，$TLI = 0.30$，$RMSEA = 0.191$，$SRMR_{within} = 0.195$，$SRMR_{between} = 0.116$。由此可知，本章研究并不存在较为严重的共同方法偏差问题，可以对预设模型进行检验。

（三）描述统计与相关分析

表 4-3 呈现了本章研究关注变量的均值、标准差及相关分析结果。其中，人际信任、组织和谐、内部人地位感知和知识共享之间具有显著的正相关。同时，性别、年龄、校龄、学段、学科等人口学变量指标，均与四个核心变量之间存在有一定的显著相关关系，需在后续模型检验中予以控制。此外，四个变量的平均变异萃取量（AVE）指标值在 0.65—0.79 之间，高于基准取值 0.5，且大于各成对变量的相关系数平方值。

表 4-3　　关注变量的描述统计结果与相关矩阵

	1	2	3	4	5	6	7	8	9
1	1.00								
2	-0.17**	1.00							
3	-0.12**	0.78**	1.00						
4	-0.20**	0.03	0.13**	1.00					

续表

	1	2	3	4	5	6	7	8	9
5	-0.19**	0.05**	0.04	0.01	1.00				
6	0.09**	-0.04*	-0.07**	-0.19**	0.01	(0.79)			
7	0.07**	0.03	-0.01	-0.16**	0.00	0.59**	(0.65)		
8	0.11**	-0.04*	-0.06**	-0.18**	-0.04*	0.59**	0.47**	(0.76)	
9	0.12**	-0.10**	-0.13**	-0.28**	-0.06**	0.71**	0.53**	0.60**	(0.78)
M	1.74	38.40	11.77	2.12	4.04	5.67	3.79	4.31	4.04
SD	0.44	9.70	9.08	0.88	1.22	1.10	0.80	0.59	0.78

注：*表示在0.05水平（双尾）相关显著，**表示在0.01水平（双尾）相关显著；表格中行和列的数字符号分别表示：1=性别，2=年龄，3=校龄，4=学段，5=学科，6=人际信任，7=内部人地位感知，8=知识共享，9=组织和谐。

（四）多水平有调节的中介模型的检验

在运用多水平结构方程模型对跨层级有调节的中介模型进行检验时，将性别、年龄、校龄、学段、学科等人口学指标作为控制变量纳入模型，分别对"1-2-1"的中介效应和"1×（1）-2"的跨层级调节效应进行分析，结果显示（见表4-4）如下。第一，在个体层级上，人际信任对教师知识共享具有显著的正向预测作用（$\gamma = 0.25$，$p < 0.001$）。第二，在跨层级上，人际信任对组织和谐（$\gamma = 0.76$，$p < 0.001$）、组织和谐对知识共享（$\gamma = 0.39$，$p < 0.01$），均表现出显著的正向预测作用，组织和谐在人际信任与知识共享关系中发挥有显著的中介作用，其中介效应值为0.29（$p < 0.01$）。第三，内部人地位感知（$\gamma = 0.61$，$p < 0.01$）在人际信任对组织和谐的跨层级影响中表现出显著的调节作用。以$M \pm SD$为标准绘制交互作用图（见图4-2），并进行简单斜率检验，在内部人地位感知高分组（$b_{simple\ slope} = 0.41$，$SE = 0.01$，$t = 31.58$，$p < 0.001$）和低分组（$b_{simple\ slope} = 0.09$，$SE = 0.01$，$t = 8.49$，$p < 0.001$）中，人际信任对组织和谐均表现出显著的正向预测作用。具体来看，与内部人地位感知

低分组相比，高分组中人际信任对组织和谐的影响效力更高（$Z = 22.63$，$p < 0.001$）。第四，内部人地位感知对"人际信任→组织和谐→知识共享"这一中介路径具有显著的调节作用。具体来看，在内部人身份感知高分组中，中介效应显著，其值为 0.46（$p < 0.01$，95% CI [0.13，0.92]）、后验标准差为 0.20；在内部人身份感知低分组中，中介效应不显著，其值为 0.11（$p = 0.08$，95% CI [-0.06，0.41]）、后验标准差为 0.12；在高分组和低分组情况下，中介效应的差值为 0.33（$p < 0.01$，95% CI [0.07，0.78]）、后验标准差为 0.18。

表 4-4　　跨层级有调节的中介效应模型检验

影响路径	估计值	后验标准差
截距	4.31***	0.01
个体层级		
性别（男）→知识共享	-0.04*	0.02
年龄→知识共享	-0.001	0.002
校龄→知识共享	0.00	0.002
学段（小学）→知识共享	0.05	0.07
学段（初中）→知识共享	-0.01	0.03
学科（语数外）→知识共享	0.06**	0.02
学科（理化生）→知识共享	0.08**	0.03
学科（史地政）→知识共享	0.02	0.03
人际信任→知识共享	0.25***	0.01
跨层级		
人际信任→组织和谐	0.76***	0.12
组织和谐→知识共享	0.39**	0.16
人际信任→组织和谐→知识共享	0.29**	0.14
人际信任×内部人地位感知→组织和谐	0.54**	0.22

注：*代表 $p < 0.05$，**代表 $p < 0.01$，***代表 $p < 0.001$。

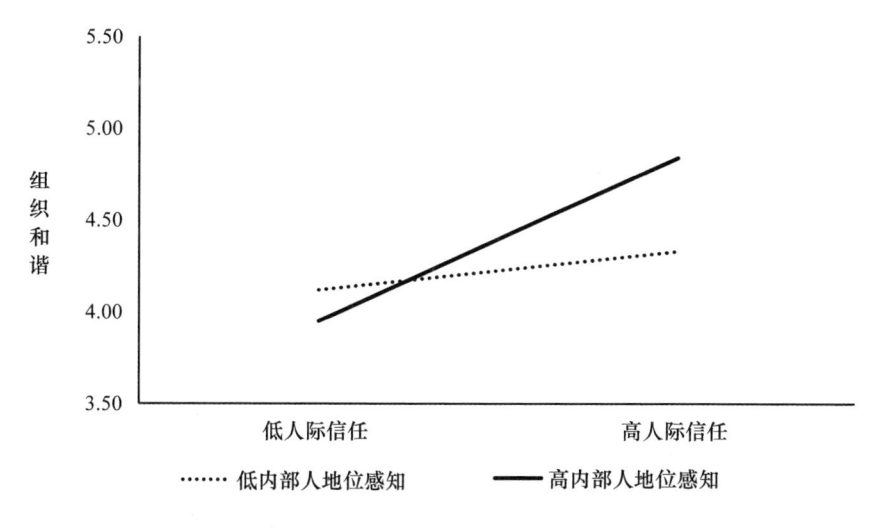

第四章 人际信任助推中小学教师知识共享的作用机制

图4-2 内部人地位感知对人际信任与组织和谐的调节作用

五 讨论与总结

（一）结果讨论

基于社会网络理论和资源保存理论，本章研究通过构建跨层级的被调节的中介模型，考察了人际信任通过促成组织和谐推动个体知识共享的中介路径，并检验了内部人地位感知对人际信任和组织和谐之间关系及上述中介影响机制的调节作用。

第一，人际信任对知识共享具有正向促进作用。本章研究基于社会网络理论，[1] 论证了人际信任对个体社会网络的强化作用，对知识共享起到了增强动机、降低成本[2]和提升效率[3]的作用，加深了我们

---

[1] Hobfoll, S. E., "Conservation of Resources-a New Attempt at Conceptualizing Stress", *American Psychologist*, Vol. 44, No. 3, 1989.

[2] Yen, Y., Tseng, J. and Wang, H., "The Effect of Internal Social Capital on Knowledge Sharing", *Knowledge Management Research & Practice*, Vol. 13, No. 2, 2015.

[3] Krackhardt, D., "The Strength of Strong Ties-the Importance of Philos in Organizations", in N. Nohria and R. C. Eocles. eds., *Networks and Organizations: Structure, Form, and Action*, Boston: Harvard Business School Press, 1992, pp. 216-239；张旭、张嵩：《隐性知识转移中的社会网络因素研究综述》，《情报杂志》2009年第12期。

对二者关系的认识与解释。第二,组织和谐在人际信任和知识共享的关系中起正向中介作用。高水平的人际信任激发教职工间更频繁的互动,[①] 此过程增加了教师对彼此能力、价值和利益取向的了解,以及下属对领导的认同、领导对下属的关怀,从而形成坦诚相待、包容和谐的组织氛围。[②] 和谐的组织氛围,不仅有助于教师间的深入交流,提升了彼此进行知识共享的动机和所凭借的关系网络密度,同时也增强了教师放弃知识隐藏、主动谋求更高效知识分享的意愿。[③] 这一结果从个体和组织的交互视角,进一步明确了关于人际信任对知识共享的影响路径,同时也印证了和谐组织氛围对组织公民行为的促进作用。[④] 第三,内部人地位感知调节了人际信任和组织和谐的关系以及组织和谐的中介作用。内部人地位感知高的教师更愿意投入资源以扩大自身的社会网络,带来更多的互动机会,[⑤] 从而强化了人际信任对组织和谐的作用机制;内部人地位感知低的教师缺乏投入资源构建社会网络的动机,从而削弱了人际信任对组织和谐的影响效应。此外,内部人地位感知还调节了人际信任通过组织和谐对知识共享的间接效应。高内部人地位感知条件下,教师认为自己拥有更高水平的社会网络和组织支持,因而投入的社会网络资源更为充沛,使得人际信任对和谐组织氛围构建的影响效应得以加强,进而为知识共享创造有利的

---

① 王娟茹、杨瑾:《信任、团队互动与知识共享行为的关系研究》,《科学学与科学技术管理》2012 年第 10 期。
② 王智宁、吴应宇、叶新凤:《网络关系、信任与知识共享——基于江苏高科技企业问卷调查的分析》,《研究与发展管理》2012 年第 2 期。
③ 王竹娟:《组织和谐的测量初探》,北京大学,硕士学位论文,2009 年;Chen, C. C., Ünal, A. F., Leung, K. and Xin, K. R., "Group Harmony in the Workplace: Conception, Measurement, and Validation", Asia Pacific Journal of Management, Vol. 33, No. 4, 2016。
④ Chen, C. C., Ünal, A. F., Leung, K. and Xin, K. R., "Group Harmony in the Workplace: Conception, Measurement, and Validation", Asia Pacific Journal of Management, Vol. 33, No. 4, 2016.
⑤ 李燕萍、郑馨怡、刘宗华:《基于资源保存理论的内部人身份感知对员工建言行为的影响机制研究》,《管理学报》2017 年第 2 期。

组织环境；相反，低内部人地位感知条件下，则教师投入社会网络的资源相对匮乏，人际信任难以对组织和谐的形成产生有力且持续的影响，淡化了和谐组织氛围对知识共享的促进作用。

（二）实践意义

本章对推动组织知识共享，尤其是中小学教师群体内的知识共享，具有重要实践意义。第一，本章研究所揭示的"人际信任→组织和谐→知识共享"的跨层级逻辑，对促进教师知识共享具有重要启示。学校应在年级组、教学组等单位内倡导和营造人际互信、坦诚交流的工作氛围，并在了解教师薪酬待遇、职业发展等具体需求的同时，增强对教师的物质保障与精神激励，尤其对知识共享积极教师予以奖励和表彰，将教学过程中的利他、利组织行为纳入角色外绩效评价体系。第二，激活、强化学校运行过程中的互动意愿与效果。为此，学校可以通过教学交流定期化、互动流程科学化、引入专家指导和参与等措施，推进多学科、多主题、多主体的互动参与，形成高频率、高质量、宽领域、制度化的职业互动。第三，内部人身份感知有助于提升组织和谐进而推动知识共享。除提供组织支持和鼓励教师互助外，学校还可适当授权教师进行教学创新，鼓励教师为学校建设和办学质量提升建言献策，从而提升教师对工作团队和学校的认同感、归属感，以强化其内部人感知和主人翁意识。

（三）不足与展望

本章研究也存在一些局限。第一，从人际信任到组织和谐再到知识共享的转化是一个长期过程，但本章研究采用了横截面数据，因而难以有效确认变量间的因果关系，且本章研究数据主要来自被试自评，尽管并无显著的共同方法偏差，但仍会影响结果的信度和效度。未来可考虑通过构建纵向研究、实验设计（如情境实验法）等方式明确因果关系，通过多途径（如加入第三方数据库）、多方法（如进行互评）采集数据以克服自评缺陷。第二，本章研究分析了组织和谐和内部人地位感知两个本土情境变量的作用，但并未考虑个体和组织具体特质的约束作用，未来可考虑纳入个人传统性人格、集体主义文化等相关变量，以完善本章研究提出的知识共享提升路径。第三，本章研究对人际信任和知识共享的操作化较为粗略，并为精细区分人际信任的对象（同事、领导或组织）、基础（认知或情感）等内容对知识共享的影响，也未就不同类型知识共享（如显性或隐性知识共享）的影响机制分别进行探究。已有研究表明，不同类型的人际信任和知识共享间的关系存在差异，[①] 未来可改善量表结构和变量设置，以进一步明确人际信任和知识共享之间的影响机制。

[①] 王智宁、吴应宇、叶新凤：《网络关系、信任与知识共享——基于江苏高科技企业问卷调查的分析》，《研究与发展管理》2012年第2期。

第 五 章

从组织认同、团队认同看中小学教师知识共享

一 引言

在知识经济时代中,知识共享对组织的变革实践与知识管理具有重要的促进作用。[1] 但实际上,由于知识对于组织的重要意义及知识共享可能使个体面临在组织中丧失竞争优势的风险,包括教师在内的知识型员工并不愿意或主动进行知识共享。[2] 因此,有必要对知识共享的影响机制及作用条件予以研究。已有研究指出,组织、团队、个体等变量共同构成了知识共享影响机制的分析框架。[3] 其中,组织认同与知识共享具有显著相关;随着组织认同的提升,个体的合作交流和知识共享行为明显增加。[4] 然而,任何组织的运行发展都并非直接

---

[1] Srivastava, A., Bartol, K. M. and Locke, E. A., "Empowering Leadership in Management Teams: Effects on Knowledge Sharing, Efficacy, and Performance", *Academy of Management Journal*, Vol. 49, No. 6, 2006.

[2] Bock, G. W., and Kim, Y. G., "Breaking the Myths of Rewards: An Exploratory Study of Attitudes about Knowledge Sharing", *Information Resources Management Journal*, Vol. 15, No. 2, 2002.

[3] Wang, S. and Noe, R. A., "Knowledge Sharing: A Review and Directions for Future Research", *Human Resource Management Review*, Vol. 20, No. 2, 2010.

[4] Zhu, Y. Q., "Solving Knowledge Sharing Disparity: The Role of Team Identification, Organizational Identification, and In-Group Bias", *International Journal of Information Management*, Vol. 36, No. 6, 2016.

对接个体，而是通过组织内的次级别单位（如团队）与个体发生关联。从组织认同与团队认同的关系来看，二者不仅具有显著相关，且在变化上具有同向性。[1] 同时，个体团队认同的水平对其知识共享具有促进作用。[2] 因此，团队认同可能在组织认同与知识共享之间起中介作用。另外，团队成员间的人际关系将会对知识共享产生影响，特别是当个体出现关系冲突时，其感受到的人际风险将会增大，从而降低了团队心理安全感，这将不利于其在团队内进行知识共享。[3] 因此，本章研究还将探讨关系冲突在组织认同通过团队认同影响知识共享过程中所发挥的调节作用。

（一）组织认同与知识共享的关系

知识共享是个体将其所拥有的（内隐或外显）知识，通过恰当的方式有选择的传递给他人，实现个体间知识的交流，从而提升组织的知识累积与绩效。[4] 作为一种利组织行为，知识共享具有组织公民行为和角色外行为的典型特征。鉴于组织认同对员工积极工作态度与行为（工作稳定性、角色外行为及绩效、工作满意度、组织公民行为等）的促进作用，[5] 个体

---

[1] Peters, K., Haslam, S. A., Ryan, M. K. and Fonseca, M., "Working with Subgroup Identities to Build Organizational Identification and Support for Organizational Strategy: A Test of the ASPIRE Model", *Group & Organization Management*, Vol. 38, No. 1, 2013.

[2] Tang, C. Y., Shang, J., Naumann, S. E. and Zedtwitz, M. V., "How Team Identification and Expertise Identification Affect R&D Employees' Creativity", *Creativity & Innovation Management*, Vol. 23, No. 3, 2014.

[3] 曹科岩：《团队心理安全感对成员创新行为影响的跨层次研究：知识分享的中介作用》，《心理科学》2015 年第 4 期；Omilion-Hodges, L. M. and Baker, C. R., "Contextualizing LMX within the Workgroup: The Effects of LMX and Justice on Relationship Quality and Resource Sharing among Peers", *Leadership Quarterly*, Vol. 24, No. 6, 2013。

[4] 杨玉浩、龙君伟：《企业员工知识分享行为的结构与测量》，《心理学报》2008 年第 3 期；于米：《个人/集体主义倾向与知识分享意愿之间的关系研究：知识活性的调节作用》，《南开管理评论》2011 年第 6 期。

[5] He, H., Pham, H. Q., Baruch, Y. and Zhu, W., "Perceived Organizational Support and Organizational Identification: Joint Moderating Effects of Employee Exchange Ideology and Employee Investment", *International Journal of Human Resource Management*, Vol. 25, No. 20, 2014.

的知识共享同样会受到组织认同的影响。社会认同理论认为，组织认同主要表现为共同的价值理念与目标取向、[1] 个体与组织的强心理联结、[2] 组织成员身份的确认与维护。[3] 当个体的组织认同较高时，个体与组织的利益、心理关联匹配以及身份感得以加强，会表现出更多的利组织行为，而较少从个人角度考虑其行为成本。[4] 在知识管理过程中，组织认同对组织竞争力和绩效的提升作用，具体表现为对个体知识共享的促进影响。已有研究发现，组织认同的提升对个体知识共享意愿和行为均具有显著促进作用。[5]

据上分析，本章研究提出假设 H_1：组织认同对中小学教师的知识共享具有显著正向影响。

（二）团队认同的中介作用

团队认同指个体能够知觉到自己与所在团队之间形成的隶属关系，以及团队成员身份为其带来的情感体验和自我价值意义。[6] 团队与组织认同是个体基于不同指向水平上的身份同一性认知，二者具有可区分性和差异性，[7] 同时，两种认同还具有显著相关。一方面，团

---

[1] Nelson, K. M. and Cooprider, J. G., "The Contribution of Shared Knowledge to is Group Performance", *Mis Quarterly*, Vol. 20, No. 4, 1996.

[2] Edwards, M. R., "Organizational Identification: A Conceptual and Operational Review", *International Journal of Management Reviews*, Vol. 7, No. 4, 2005.

[3] Mael, F. A. and Ashforth, B. E., "Loyal from Day One: Biodata, Organizational Identification, and Turnover among Newcomers", *Personnel Psychology*, Vol. 48, No. 2, 1995.

[4] Casimir, G., Lee, K. and Loon, M., "Knowledge Sharing: Influences of Trust, Commitment and Cost", *Journal of Knowledge Management*, Vol. 16, No. 5, 2012.

[5] 姚凯、汤建影：《雇佣关系、组织公平与知识共享意愿：基于中国企业的实证研究》，《复旦学报》（自然科学版）2016 年第 1 期；Zhu, Y. Q., "Solving Knowledge Sharing Disparity: The Role of Team Identification, Organizational Identification, and In-Group Bias", *International Journal of Information Management*, Vol. 36, No. 6, 2016。

[6] Ashforth, B. E. and Mael, F., "Social Identity Theory and the Organization", *Academy of Management Review*, Vol. 14, No. 1, 1989.

[7] 栾琨、谢小云：《国外团队认同研究进展与展望》，《外国经济与管理》2014 年第 4 期；任荣：《组织认同、团队认同对合作研发绩效的影响——概念模型及相关假说》，《经济管理》2011 年第 12 期。

队构建是在组织单位之下进行的,从理论上来讲,很少有脱离组织形式的团队存在,且团队认同被看作是组织认同评价的重要指标。[1] 相较于组织范畴,个体在团队内部的互动交流更密切,更易形成共同价值观念,进而获得更强烈的团队认同。[2] 另一方面,高组织认同是个体对其所属团队产生归属与认同的重要前提,其对个体与团队形成强心理联结及妥善处理人际关系等都具有积极作用,[3] 且个体组织认同的提升也对其团队认同具有加强作用。[4]

出于对成员身份及团队利益的维护,具有较高团队认同的个体常会表现出组织公民行为或角色外行为,[5] 成为推动知识共享的重要动力来源。当团队认同较高时,个体与团队的心理联结表现较强,信任的团队关系也更易使成员开展合作和交流,[6] 从而表现出较多的知识共享。[7]

---

[1] Van Dick, R., Wagner, U., Stellmacher, J. and Christ, O., "The Utility of a Broader Conceptualization of Organizational Identification: Which Aspects Really Matter?", *Journal of Occupational & Organizational Psychology*, Vol. 77, No. 2, 2004.

[2] Van Knippenberg, D. and Van Schie, E. C. M., "Foci and Correlates of Organizational Identification", *Journal of Occupational and Organizational Psychology*, Vol. 73, No. 2, 2000.

[3] Olkkonen, M. E. and Lipponen, J., "Relationships between Organizational Justice, Identification with Organization and Work Unit, and Group-Related Outcomes", *Organizational Behavior & Human Decision Processes*, Vol. 100, No. 2, 2006; Riketta, M., "Organizational Identification: A Meta-Analysis", *Journal of Vocational Behavior*, Vol. 66, No. 2, 2005.

[4] Peters, K., Haslam, S. A., Ryan, M. K. and Fonseca, M., "Working with Subgroup Identities to Build Organizational Identification and Support for Organizational Strategy: A Test of the ASPIRE Model", *Group & Organization Management*, Vol. 38, No. 1, 2013.

[5] Gundlach, M., Zivnuska, S. and Stoner, J., "Understanding the Relationship between Individualism-Collectivism and Team Performance through an Integration of Social Identity Theory and the Social Relations Model", *Human Relations*, Vol. 59, No. 12, 2006; Van Dick, R., Wagner, U., Stellmacher, J. and Christ, O., "The Utility of a Broader Conceptualization of Organizational Identification: Which Aspects Really Matter?", *Journal of Occupational & Organizational Psychology*, Vol. 77, No. 2, 2004.

[6] Van Knippenberg, D., and Hogg, M. A., "A Social Identity Model of Leadership Effectiveness in Organizations", *Research in Organizational Behavior*, Vol. 25, No. 3, 2003.

[7] 张燕、侯立文:《基于变革型领导的职能多样性对团队内知识共享的影响研究》,《管理学报》2013年第10期;Tang, C. Y., Shang, J., Naumann, S. E. and Zedtwitz, M. V., "How Team Identification and Expertise Identification Affect R&D Employees' Creativity", *Creativity & Innovation Management*, Vol. 23, No. 3, 2014.

相反，当团队认同较低时，由于缺乏对团队发展目标的共识，个体往往更多关注自身的价值立场而忽视其他成员的意见表达，并表现出较少的信息交流和观点采择。①

据上分析，本章研究提出假设 H_2：团队认同在组织认同对中小学教师知识共享的正向影响关系中具有显著的中介作用。

（三）关系冲突的调节作用

作为社会资本的类型之一，人际关系对知识共享具有重要的影响作用。② 基于人际关系建立的信任，对个体的社会互动具有较强的促进作用，③ 同事关系越好的个体越倾向进行资源交换和分享。④ 同时，良好的人际关系还有益于缓解个体对知识共享可能产生竞争优势丧失风险的隐忧。⑤ 然而，工作场所中因工作任务或关系互动而引发的人际冲突（即任务冲突和关系冲突）总是不可避免的。⑥ 其中，任务冲突强调认知差异，而关系冲突则聚焦个体负面情绪及其对冲突本身的动态影响，⑦ 本章研究重点关注关系冲突。无论来自上级还是同事的人际冲突，都将产生严重影响，⑧ 包括降低同事间的信任、团队凝聚

---

① Scott, S. G., "Social Identification Effects in Product and Process Development Teams", *Journal of Engineering & Technology Management*, Vol. 14, No. 2, 1997.

② 曹勇、向阳：《企业知识治理、知识共享与员工创新行为——社会资本的中介作用与吸收能力的调节效应》，《科学学研究》2014 年第 1 期。

③ 尹奎、孙健敏、刘永仁、宋皓杰：《职场友谊对知识共享意愿的影响——一个调节中介模型》，《科学学与科学技术管理》2015 年第 8 期。

④ Omilion-Hodges, L. M. and Baker, C. R., "Contextualizing LMX within the Workgroup: The Effects of LMX and Justice on Relationship Quality and Resource Sharing among Peers", *Leadership Quarterly*, Vol. 24, No. 6, 2013.

⑤ 石艳：《教师知识共享过程中的信任与社会互动》，《教育研究》2016 年第 8 期。

⑥ De Wit, F. R., Greer, L. L. and Jehn, K. A., "The Paradox of Intragroup Conflict: A Meta-Analysis", *Journal of Applied Psychology*, Vol. 97, No. 2, 2012.

⑦ 诸彦含、周意勇、刘丽颖、李博偲：《组织中的人际冲突：类型、模型与表达》，《心理科学进展》2016 年第 5 期。

⑧ Frone, M. R., "Interpersonal Conflict at Work and Psychological Outcomes: Testing a Model among Young Workers", *Journal of Occupational Health Psychology*, Vol. 5, No. 2, 2000.

力、员工满意度、组织承诺、认同感和组织公民行为。[1] 特别对于知识共享这种具有明显利他助人性质的行为,对和谐人际关系的忽视会破坏同事间有效沟通的基础,影响彼此的知识共享。[2] 同时,随着关系冲突水平的增加,人际信任降低、负面情绪增多、互动合作受阻、团队心理安全感下降等问题,[3] 都会阻碍个体的知识共享。

据上分析,本章研究提出假设 H_3:关系冲突在团队认同对中小学教师知识共享的影响关系中具有显著的反向调节作用。

综合以上分析判断,本章的整体研究假设模型如图 5-1 所示。

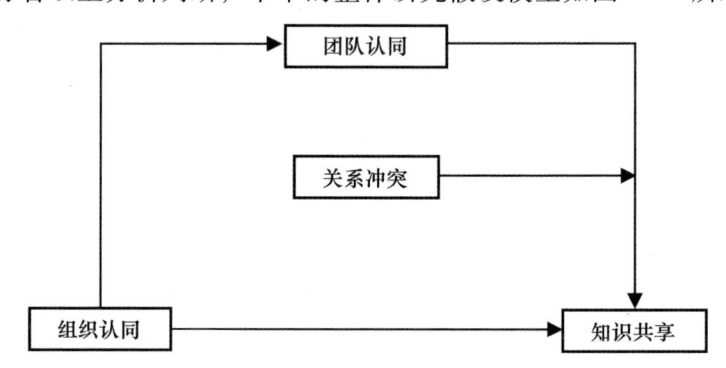

图 5-1 本章研究假设框架

---

[1] Chiaburu, D. S. and Harrison, D. A., "Do Peers Make the Place? Conceptual Synthesis and Meta-Analysis of Coworker Effects on Perceptions, Attitudes, OCBs, and Performance", *Journal of Applied Psychology*, Vol. 93, No. 5, 2008; De Wit, F. R., Greer, L. L. and Jehn, K. A., "The Paradox of Intragroup Conflict: A Meta-Analysis", *Journal of Applied Psychology*, Vol. 97, No. 2, 2012.

[2] 路琳、陈晓荣:《人际和谐取向对知识共享行为的影响研究》,《管理评论》2011 年第 1 期。

[3] 曹科岩:《团队心理安全感对成员创新行为影响的跨层次研究:知识分享的中介作用》,《心理科学》2015 年第 4 期;韩艳、王安民:《小团队内人际关系对知识共享的影响》,《科学学与科学技术管理》2008 年第 10 期;Chiaburu, D. S. and Harrison, D. A., "Do Peers Make the Place? Conceptual Synthesis and Meta-Analysis of Coworker Effects on Perceptions, Attitudes, OCBs, and Performance", *Journal of Applied Psychology*, Vol. 93, No. 5, 2008; De Wit, F. R., Greer, L. L. and Jehn, K. A., "The Paradox of Intragroup Conflict: A Meta-Analysis", *Journal of Applied Psychology*, Vol. 97, No. 2, 2012; Frone, M. R., "Interpersonal Conflict at Work and Psychological Outcomes: Testing a Model among Young Workers", *Journal of Occupational Health Psychology*, Vol. 5, No. 2, 2000。

二　研究方法

（一）样本情况

从北京市不同学区选取中小学校 20 所，向在编在岗的任课教师发放问卷 1500 份，收回有效问卷 1342 份。其中，男性 250 人（18.63%），女性 1089 人（81.15%），信息缺失 3 人（0.22%）；平均年龄 37.35 ± 8.20 岁（分布在 20—59 岁之间），平均教龄 15.11 ± 9.88 年；在学段分布上，小学 912 人（67.96%），中学 430 人（32.04%）；在学历方面，"专科及以下" 36 人（2.68%），"本科" 1132 人（84.35%），"研究生及以上" 167 人（12.44%），信息缺失 7 人（0.52%）。

（二）变量测量

1. 组织认同

采用 Smidts 等编制，由高中华和赵晨修订的中文版《组织认同》问卷，[1] 对教师的组织认同进行测量。采用 5 点正向计分（1 = 完全不同意，5 = 完全同意），共计 5 个题目（样例：我与学校之间命运相连），题目得分均值越高表示对组织的认同程度越高，Cronbach's α 系数为 0.85。

2. 团队认同

参考陈悦明、葛玉辉和宋志强的研究，[2] 采用 2 个题目对教师的团队认同进行测量（题目样例：我很看重别人对我所在年级组的评价）。采用 5 点正向计分（1 = 完全不同意，5 = 完全同意），题目得分均值越高表示教师对其所在团队（年级组）的认同程度越高，

---

[1] 高中华、赵晨：《工作场所的组织政治会危害员工绩效吗？基于个人—组织契合理论的视角》，《心理学报》2014 年第 8 期。

[2] 陈悦明、葛玉辉、宋志强：《高层管理团队断层与企业战略决策的关系研究》，《管理学报》2012 年第 11 期。

Cronbach's α 系数为 0.72。

3. 知识共享

知识共享包含有知识共享意愿和行为两个维度。其中，对知识共享意愿的测量，采用由 Bock 等编制、于米修订的问卷，① 共计 7 个题目（样例：我愿意经常与同事分享学习资料）；对知识共享行为的测量，采用由 Collins 等编制、田立法修订的问卷，② 共计 4 个题目（样例：通过与其他老师交流和共享知识，比自己独立完成工作任务更迅速）。采用 5 点正向计分（1 = 非常不同意，5 = 非常同意），将所有题目的得分加总取均值。知识共享意愿和行为的 Cronbach's α 系数分别为 0.84、0.85（整体为 0.87）；对其结构进行验证，结果显示：$\chi^2 = 847.04$，$df = 43$，$CFI = 0.95$，$TLI = 0.93$，$RMSEA = 0.121$，$SRMR = 0.028$。

4. 关系冲突

参考 Jehn 等编制，由赵可汗、贾良定、蔡亚华、王秀月和李珏兴修订的《关系冲突》问卷，③ 对团队关系质量进行测量。采用 6 点正向计分（1 = 很小或很少，6 = 很大或很多），共计 3 个题目（样例：在年级组中，老师们之间关系紧张），题目得分均值越高表示团队（年级组）成员间的冲突越大，Cronbach's α 系数为 0.84。

（三）数据收集与处理

以学校为单位开展调查，采用 SPSS 24.0 和 Mplus 7.0 对数据进行管理和分析。首先，对共同方法偏差的影响及变量的关系结构进行检验。其次，进行描述统计分析。最后，对团队认同的中介作用和关系冲突的调节作用进行检验。

---

① 于米：《个人/集体主义倾向与知识分享意愿之间的关系研究：知识活性的调节作用》，《南开管理评论》2011 年第 6 期。

② 田立法：《高承诺工作系统驱动知识共享：信任关系的中介作用及性别的调节作用》，《管理评论》2015 年第 6 期。

③ 赵可汗、贾良定、蔡亚华、王秀月、李珏兴：《抑制团队关系冲突的负效应：一项中国情境的研究》，《管理世界》2014 年第 3 期。

三 结果与分析

(一) 共同方法偏差及结构效度检验

通过以下两种方式对共同方法偏差进行检验。一是运用未旋转的主成分因子法对所有题目进行探索性因素分析,结果显示:11 个因子的特征根值大于 1,首个因子的方差解释率为 24.91%(低于临界标准 40%)。二是运用 CFA 对单因素模型进行检验,结果显示:模型的拟合效果较差(χ^2 = 10371.08,df = 189,CFI = 0.60,TLI = 0.55,RMSEA = 0.206,SRMR = 0.153)。由上述结果可知,共同方法偏差对本章研究的影响不严重。为检验所关注变量的结构效度,运用 CFA 对变量关系进行分析、比较(见表 5-1)。与其他三个竞争模型相比,四因素的基准模型对数据的拟合效果最佳,说明由四个变量构成的基准模型具有良好的结构效度。

表 5-1 各变量的验证性因素分析

模型结构	χ^2	df	CFI	TLI	RMSEA	SRMR	$\Delta\chi^2$	Δdf
基准模型:OI;TI;RC;KS	2875.11	183	0.89	0.88	0.107	0.048		
模型 A:OI + TI;RC;KS	3188.08	186	0.87	0.86	0.113	0.055	312.97***	3
模型 B:OI;TI + RC;KS	3777.57	186	0.86	0.84	0.123	0.110	902.46***	3
模型 C:OI + TI + RC;KS	4435.96	188	0.83	0.81	0.133	0.082	1560.85***	5

注:OI = 组织认同,TI = 团队认同,KS = 知识共享,RC = 关系冲突;***代表 $p < 0.001$。

(二) 描述统计分析

如表 5-2 所示,所关注四个变量两两相关显著。同时,年龄、教龄、在职年限等人口学变量也与所关注的核心变量具有显著的相关。平均变异萃取量检验显示:AVE 值在 0.76—0.83 之间(均高于

表5-2 各变量均值、标准差及相关分析结果

	M	SD	1	2	3	4	5	6	7	8	9
1 性别	0.81	0.39									
2 年龄	37.35	8.20	-0.06*								
3 教龄	15.11	9.88	-0.06*	0.94**							
4 在职年限	8.85	7.59	-0.04	0.61**	0.62**						
5 教育水平	2.09	0.38	0.12**	-0.23**	-0.31**	-0.23**					
6 组织认同	3.62	0.64	0.02	0.19**	0.20**	0.12**	-0.02	(0.83)			
7 团队认同	3.45	0.71	0.00	0.07*	0.08**	0.08**	0.01	0.53**	(0.79)		
8 关系冲突	1.12	0.42	-0.04	-0.07*	-0.08**	-0.06*	0.02	-0.27**	-0.20**	(0.80)	
9 知识共享	3.72	0.59	0.03	0.09**	0.11**	0.09**	0.00	0.42**	0.31**	-0.28**	(0.76)

注：*代表 $p<0.05$，**代表 $p<0.01$；女性=1；专科及以下=1，本科=2，研究生及以上=3；对角线括弧中的数字为AVE值。

0.5),且大于各成对变量相关系数平方。

(三) 有调节的中介模型的检验

在控制年龄、教龄和在职年限的条件下,对有调节的中介模型进行检验,结果显示(见表5-3):组织认同显著正向影响知识共享和团队认同;将组织认同和团队认同纳入方程,团队认同显著正向影响知识共享,而组织认同对知识共享的正向影响依旧显著。将关系冲突以及团队认同与关系冲突的交互项纳入方程,组织认同、团队认同对知识共享的正向影响显著,关系冲突显著负向影响知识共享,且交互项对知识共享的负向影响显著。将关系冲突划分为高、低分组($M \pm 1SD$),简单斜率检验结果显示(见图5-2):在关系冲突低分组,团队认同对知识共享具有显著的正向影响($b_{simple} = 0.21$,$SE = 0.02$,$t = 10.08$,$p < 0.001$);在关系冲突高分组,团队认同对知识共享的影响不显著($b_{simple} = 0.13$,$SE = 0.03$,$t = 1.49$,$p > 0.05$)。

表5-3 知识共享意愿中介作用和团队认同调节作用的回归分析

	M1 知识共享		M2 团队认同		M3 知识共享		M4 知识共享	
	b	t	b	t	b	t	b	t
年龄	-0.01	-2.22*	-0.01	-1.30	-0.01	-2.08*	-0.01	-1.98*
教龄	0.01	2.24*	0.01	0.44	0.01	2.18*	0.01	2.05*
在职年限	0.01	0.93	0.01	1.62	0.01	0.77	0.01	0.65
组织认同	0.38	16.12***	0.59	22.41***	0.33	11.76***	0.19	10.62***
团队认同					0.10	3.89***	0.06	3.65***
关系冲突							-0.11	-7.06***
团队认同× 关系冲突							-0.03	-2.30*
R^2	0.18		0.28		0.19		0.22	
F	71.28***		129.50***		60.68		51.88***	

注:*代表$p < 0.05$,**代表$p < 0.01$,***代表$p < 0.001$。

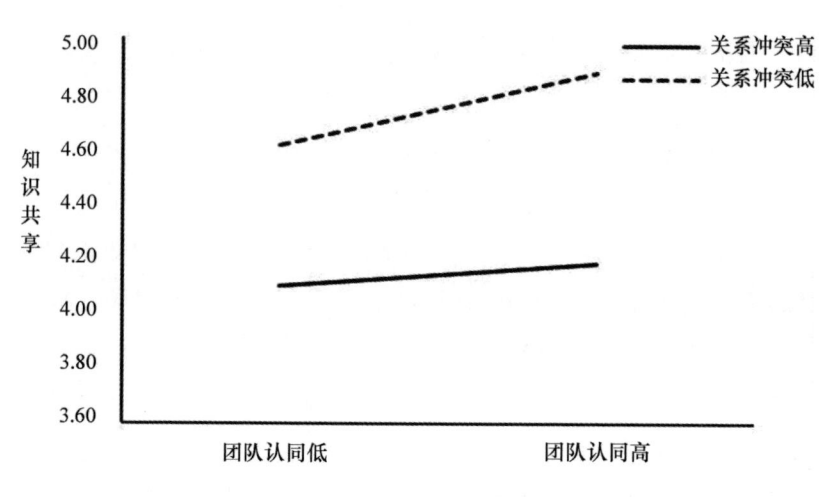

图 5-2　团队认同与关系冲突的交互效应

运用 Bootstrap 法对模型的稳健性进行检验，结果显示：团队认同在组织认同对知识共享的影响中起中介作用，中介效应为 0.07，其 95% 置信区间为 [0.03, 0.09]，中介效应占总效应的 17.23%。在关系冲突低分组，团队认同的中介作用显著，其效应值为 0.06，95% 置信区间为 [0.03, 0.09]；在关系冲突高分组，团队认同的中介作用不显著，其效应值为 0.03，95% 置信区间为 [-0.03, 0.08]，包含 0。

四　讨论与总结

（一）结果讨论

首先，本章研究发现组织认同显著正向影响知识共享，这与相关结果一致。[1] 对于中小学教师而言，知识共享可能使其在组织中面临更

---

[1] 陈世平、胡艳军、王晓庄：《高校教师知识共享态度的相关研究》，《心理与行为研究》2011 年第 4 期；姚凯、汤建影：《雇佣关系、组织公平与知识共享意愿：基于中国企业的实证研究》，《复旦学报》（自然科学版）2016 年第 1 期；Zhu, Y. Q., "Solving Knowledge Sharing Disparity: The Role of Team Identification, Organizational Identification, and In-Group Bias", International Journal of Information Management, Vol. 36, No. 6, 2016。

多专业竞争优势丧失的风险。因此,多数情况下个体并不会主动进行知识共享。而高组织认同体现了个体较强的组织归属感及其与组织的强联结关系,基于共同的价值目标追求,个体会较少考虑个人损益而表现出更多的利组织行为。[1]

其次,本章研究发现团队认同是组织认同影响知识共享重要的中介变量。一方面,组织认同与团队认同在水平及程度变化上具有同步特征,在高组织认同下,个体对所属团队更容易表现出较高的认同归属。[2] 另一方面,由于工作团队是个体更为直接的工作场域平台,特别是中小学教师,其长期在年级组(或教研组)中开展教育、教学工作。因而,相较于组织认同,个体对团队的认同往往更为强烈,[3] 且团队认同对个体工作与态度的影响也更为直接,[4] 进而激发出个体更高的知识分享意愿和更多的知识共享行为。

最后,本章研究发现关系冲突调节了团队认同对知识共享的影响作用。根据人际关系理论,良好的人际关系,能够营造出有利于组织和个人发展的组织氛围与心理体验;人际冲突(特别是关系冲突),会使个体感受到更多负面情绪,进而出现人际信任、沟通互动、合作学习意愿降低等后果,[5] 对组织、团队绩效产生负面影响。因而,在

---

[1] Casimir, G., Lee, K. and Loon, M., "Knowledge Sharing: Influences of Trust, Commitment and Cost", *Journal of Knowledge Management*, Vol. 16, No. 5, 2012.

[2] Peters, K., Haslam, S. A., Ryan, M. K. and Fonseca, M., "Working with Subgroup Identities to Build Organizational Identification and Support for Organizational Strategy: A Test of the ASPIRE Model", *Group & Organization Management*, Vol. 38, No. 1, 2013; Van Knippenberg, D. and Van Schie, E. C. M., "Foci and Correlates of Organizational Identification", *Journal of Occupational and Organizational Psychology*, Vol. 73, No. 2, 2000.

[3] Riketta, M., "Organizational Identification: A Meta-Analysis", *Journal of Vocational Behavior*, Vol. 66, No. 2, 2005.

[4] Riketta, M. and Van Dick, R., "Foci of Attachment in Organizations: A Meta-Analytic Comparison of the Strength and Correlates of Workgroup Versus Organizational Identification and Commitment", *Journal of Vocational Behavior*, Vol. 67, No. 3, 2005.

[5] Chiaburu, D. S. and Harrison, D. A., "Do Peers Make the Place? Conceptual Synthesis and Meta-Analysis of Coworker Effects on Perceptions, Attitudes, OCBs, and Performance", *Journal of Applied Psychology*, Vol. 93, No. 5, 2008; De Wit, F. R., Greer, L. L. and Jehn, K. A., "The Paradox of Intragroup Conflict: A Meta-Analysis", *Journal of Applied Psychology*, Vol. 97, No. 2, 2012.

良好的人际环境下，个体往往表现出更多利他助人行为，为了组织或团队利益而不计个人损益进行知识共享；在关系冲突情境下，个体则会感受到更多的负面心理体验和更低的团队心理安全感，从而不愿进行知识共享。

（二）实践启示

本章研究发现对教育管理实践具有重要的启示意义。首先，可以通过加大组织支持、增强教师对学校办学理念和目标的认知、营造良好的学校氛围等方式，提升教师对学校的归属感和认同度，进而主动分享教育教学知识与技能。其次，应重视年级组（或教研组）团队建设，加强教师与工作团队间的心理联结，形成个人与团队发展协同推进的理念，避免教师因知识共享产生个人竞争优势降低的顾虑。最后，增强学校日常管理的透明度和公平性，以制度规范推进办学质量的持续提升。通过在团队内部打造和谐、有序的工作氛围，减少教师间的冲突，为教师知识共享提供有利条件。

（三）总结与展望

本章研究不足及需要改进之处在于以下几点。（1）数据的收集是在横截面研究设计下进行的，这使变量的因果关系难以有效确认。今后可考虑采用多时段分点测量模式进行数据收集，以增强研究的因果推论效力。（2）受研究资源限制，本章研究的样本主要来自北京地区，因此结论的推广适用性仍需谨慎。未来可进一步扩大样本规模和来源范围，提高研究的外部效度。（3）本章研究关于人际关系冲突的测量，并未区分冲突对象是领导还是同事。未来可设计邀请团队领导、同事参与问卷调查，通过领导、同事的匹配数据，对本章研究结论作更为严格的检验和拓展深化。

第 六 章

中小学教师职业成长机会与知识共享：过程与条件

一 引言

知识共享（Knowledge Sharing）是个体将其所拥有的（内隐或外显）知识，通过恰当的方式有选择的传递给其他个体，进而实现个体之间知识的交流，从而提升组织的知识累积与绩效。[①] 在学校进行知识管理的过程中，知识共享对教师的专业发展以及学校整体的学习能力提升具有重要的促进作用。然而，由于知识拥有优势在教师职业发展与竞争过程中，具有极为重要的意义。因此，在多数情况下，教师个体出于自身利益的考量并不会主动进行知识共享。那么，何种因素如何影响教师的知识共享发生，成为我们需要重点关注的内容。目前，关于知识共享的研究多集中在企业领域和高校教师群体，而针对中小学教师群体的实证研究较为缺乏。具体来看，中小学教师的教学工作相对独立而互动较少，且由于教学绩效、班级考评、职称晋升等因素影响，教师间的职业竞争压力更大，同时也更倾向于对自己的知

[①] 于米：《个人／集体主义倾向与知识分享意愿之间的关系研究：知识活性的调节作用》，《南开管理评论》2011年第6期；杨玉浩、龙君伟：《企业员工知识分享行为的结构与测量》，《心理学报》2008年第3期。

识技能有所保留而不愿与他人分享。① 因而，关注中小学教师知识共享及其影响机制更具现实意义。

以往的研究发现，个人和环境因素（诸如人格、信任、动机、组织氛围、领导支持等）均对个体的知识共享具有重要的影响。其中，作为工作资源的重要表现和发展型人力资源实践的主要结果，职业成长机会体现了组织环境变量对个体职业发展的支持。② 与此同时，基于职业成长机会为表现形式的组织支持，有利于增强个体的专业能力和综合素质，从而使其对自身形成更为积极的评价，③ 例如自我效能感。具体到知识管理过程，个体有关知识共享的自我效能感与其知识共享行为之间具有显著的正相关关系。④ 另一方面，根据社会交换理论的互惠原则，当个体感受到来自组织的支持，将会形成对组织更强的归属感和更高的认同感，而且出于对组织支持的回报，个体也更有可能与组织内成员进行知识共享。⑤ 为此，本章研究还将探讨职业成长机会通过何种因素影响知识共享，以及在何种条件下职业成长机会对知识共享的影响程度发生变化。这不仅有助于加深理解中小学教师职业成长机会对知识共享的影响机制，而且对引导其通过知识共享来提升专业发展具有一定的实践启示意义。

---

① 王健：《促进教师个人知识共享的学校知识管理策略》，《教育理论与实践》2005年第8期。

② Kraimer, M. L., Seibert, S. E., Wayne, S. J., Liden, R. C. and Bravo, J., "Antecedents and Outcomes of Organizational Support for Development: The Critical Role of Career Opportunities", *Journal of Applied Psychology*, Vol. 96, No. 3, 2011.

③ Tawadros, T., "Developing the Theater of Leadership: An Exploration of Practice and the Need for Research", *Advances in Developing Human Resources*, Vol. 17, No. 3, 2015.

④ Hsu, M. H., Ju, T. L., Yen, C. H. and Chang, C. M., "Knowledge Sharing Behavior in Virtual Communities: The Relationship between Trust, Self-Efficacy, and Outcome Expectations", *International Journal of Human-Computer Studies*, Vol. 65, No. 2, 2007.

⑤ Jeung, C. W., Yoon, H. J., and Choi, M., "Exploring the Affective Mechanism Linking Perceived Organizational Support and Knowledge Sharing Intention: A Moderated Mediation Model", *Journal of Knowledge Management*, Vol. 21, No. 3, 2017; Edwards, M. R., "HR, Perceived Organizational Support and Organizational Identification: An Analysis after Organizational Formation", *Human Resource Management Journal*, Vol. 19, No. 1, 2009.

（一）职业成长机会与知识共享的关系

职业成长机会是指个体感知到的被所属组织分配的工作任务或获得的工作机会与其职业兴趣和目标的匹配程度。① 作为一种组织层面的支持资源，良好的职业成长机会能够诱发和强化员工更多对组织回报的意愿与义务，进而使其做出更多的利组织行为。已有的研究发现，职业发展与知识共享行为之间具有显著的正相关。② 一方面，在个体的成长与发展过程中，工作资源的获得有助于其工作目标的达成。③ 同时，那些为员工提供内部岗位轮换、职务职级晋升、专业技能培训等机会的高承诺组织，会使员工感受到更多的来自组织（或领导）的重视。④ 作为回报，个体倾向于对同事和组织表现出更多的知识共享行为。⑤ 另一方面，在内在薪酬的概念框架下，个体对自身未来可发展空间的预测，是其在工作中所获得的精神层面回报的一种表现。当个体具有较高的内在薪酬满意度时，其更愿意向他人或组织共享知识。⑥ 特别是在以职业生涯发展、培训开发和绩效反馈等内容为主要构成的发展型人力资源实践中，职业发展因素对知识型员工的工作行为的激励效应更为明显，那些具有较好职业发展机会的员工常常

---

① Kraimer, M. L., Seibert, S. E., Wayne, S. J., Liden, R. C. and Bravo, J., "Antecedents and Outcomes of Organizational Support for Development: The Critical Role of Career Opportunities", *Journal of Applied Psychology*, Vol. 96, No. 3, 2011.

② 关培兰、高原：《知识员工组织职业生涯管理对知识共享的影响——以组织承诺为中间变量的一个实证研究》，《经济管理》2007 年第 23 期。

③ Demerouti, E., Bakker, A. B., Nachreiner, F. and Schaufeli, W. B., "The Job Demands-Resources Model of Burnout", *Journal of Applied Psychology*, Vol. 86, No. 3, 2001.

④ Xiao, Z. and Tsui, A. S., "When Brokers May Not Work: The Cultural Contingency of Social Capital in Chinese High-Tech Firms", *Administrative Science Quarterly*, Vol. 52, No. 1, 2007.

⑤ 王勇、韦志飞、王利：《工作资源、工作投入对知识共享影响的实证研究》，《科技管理研究》2012 年第 24 期；Runhaar, P. and Sanders, K., "Promoting Teachers' Knowledge Sharing. The Fostering Roles of Occupational Self-Efficacy and Human Resources Management", *Educational Management Administration & Leadership*, Vol. 44, No. 5, 2016。

⑥ 肖志雄、聂天奇：《薪酬对员工知识共享意愿的影响》，《经营管理者》2015 年第 32 期。

会表现出更多的知识共享行为。① 教师群体作为典型的知识型员工，知识获取是其职业成长的基础与目的，而中小学教师的职业成长机会，主要来源于学校组织，包括进修、学历提升、职称评定、"优青、骨干"评定等。因此，对于学校所提供的此类发展支持，教师个体将会对学校产生更强的回馈意愿，并依据学校发展需求做出积极的利组织行为，例如知识共享。

据此，提出本章研究的假设 H_1：中小学教师职业成长机会对知识共享具有显著的正向影响作用。

（二）知识共享效能感的中介作用

作为社会认知理论构成的核心概念，自我效能感反映了个体对于执行特定行为或克服困难所具有的自信程度。② 随着自我效能感在知识管理研究领域的应用，逐渐形成了有关知识共享的自我效能感概念，即知识共享效能感（Knowledge Sharing Self-Efficacy）特指个体关于能够有效共享信息的自信水平。③ 个体知识共享效能感的获取与提升，是以拥有具有共享价值知识和共享所需必要技能为基础的。具体到中小学教师，知识共享效能感的形成是以其专业发展为前提的，这自然离不开必要的职业成长机会。当教师认为学校为其个人发展提供了组织化支持，则其自我效能感将会得以显著提升，诸如工作提供的发展条件、学校的支持系统和制度完整性等学校因素，与教师的个人教学效能感、一般教育效能感之间均存在显著的正相关关系。④ 作为来自精神层

---

① 何会涛、袁勇志、彭纪生：《对员工发展投入值得吗？——发展型人力资源实践对员工知识共享行为及离职意愿的影响》，《管理评论》2011年第1期。

② Bandura, A., *Social Foundations of Thought and Action: A Social Cognitive Theory*, Englewood Cliffs, NJ: Prentice Hall, 1986, p. 391.

③ Acker, F. V., Vermeulen, M., Kreijns, K., Lutgerink, J. and Buuren, H. V., "The Role of Knowledge Sharing Self-Efficacy in Sharing Open Educational Resources", *Computers in Human Behavior*, Vol. 39, No. 39, 2014.

④ 辛涛、申继亮、林崇德：《教师自我效能感与学校因素关系的研究》，《教育研究》1994年第10期。

面回报的内在薪酬,职业成长机会其实是组织对个人工作绩效的关注与肯定,这种情感性支持将会有效地增强个体对其个人能力的自信评价,形成较高的效能感。[1] 同时,职业成长机会的增多,不仅会增加教师自身的知识储量,还会提升其对自身专业发展水平和持续更新知识能力的判断评估,这将使其有效共享知识的信念及自信得以加强。

在教师的工作、学习和专业发展过程中,自我效能感是重要的基础变量和前因要素,是衡量个体心理资本存量的重要构成指标。研究表明,作为知识共享的内部动机,知识共享效能感不仅可以提高个体间的合作意愿,同时对知识共享行为本身也具有明显的促进作用。[2] 而心理资本及其包含的效能感维度,对个体的知识共享意愿均具有显著的正向影响。[3] 已有研究还发现,那些认为自己的知识共享将会对组织做出贡献的员工,将会表现出更高的分享和获取知识的意愿,这种对知识共享的认知性动机强化了个体的共享行为。[4] 同时,根据计划行为理论,自我效能感是个体重要的行为控制认知要素,其对行为的意愿具有重要的预测效力。[5] 在以教师等知识员工为主体的组织中,那些倾向于将个人知识和技能分享给同事的教师,往往都具有较高水平的自我效能感,(知识共享)自我效能感对教师的知识共享意愿和行为都表现出显著的正向预测作用。[6]

---

[1] Tawadros, T., "Developing the Theater of Leadership: An Exploration of Practice and the Need for Research", *Advances in Developing Human Resources*, Vol. 17, No. 3, 2015.

[2] Cabrera, Á. and Cabrera, E. F., "Knowledge-Sharing Dilemmas", *Organization Studies*, Vol. 23, No. 5, 2002.

[3] 毛清华、王晔:《员工心理资本与知识共享意愿的关系研究:心理契约的中介作用》,《燕山大学学报》(哲学社会科学版) 2014 年第 3 期。

[4] Lin, H., "Effects of Extrinsic and Intrinsic Motivation on Employee Knowledge Sharing Intentions", *Journal of Information Science*, Vol. 33, No. 2, 2007.

[5] Ajzen, I., "Perceived Behavioral Control, Self-Efficacy, Locus of Control, and the Theory of Planned Behavior", *Journal of Applied Social Psychology*, Vol. 32, No. 4, 2002.

[6] 李志宏、朱桃、赖文娣:《高校创新型科研团队隐性知识共享意愿研究》,《科学研究》2010 年第 4 期;李永涛:《动机视角下的中小学教师知识共享研究》,《宁波大学学报》(教育科学版) 2014 年第 2 期。

据此，提出本章研究的假设 H₂：知识共享效能感在中小学教师职业成长机会对知识共享的影响关系中具有中介作用。

（三）组织支持感的调节作用

组织支持感是指个体感受到的来自组织的支持与关心，是个体知觉到的组织如何看待其贡献并给予其关注的主观体验。① 社会交换理论指出，当个体感受到来自组织的关心与支持时，会产生被重视和尊重的心理体验，进而对组织形成强烈的义务感和回报意愿，这将促使个体更为关注组织的利益而做出更多有利于组织发展的行为。② 大量的实证研究结果支持了社会交换理论的互惠原则，组织支持感不仅与工作态度和行为（例如效能感、组织承诺、绩效等）具有显著的相关，③ 而且还对组织公民行为、角色外绩效等利组织行为具有显著的促进作用。④ 由于知识共享具有明显的利他行为特征，是典型的有利于组织发展的角色外行为。⑤ 大量研究发现，组

---

① Rhoades, L., and Eisenberger, R., "Perceived Organizational Support: A Review of the Literature", *Journal of Applied Psychology*, Vol. 87, No. 4, 2002.

② Edwards, M. R., "HR, Perceived Organizational Support and Organizational Identification: An Analysis after Organizational Formation", *Human Resource Management Journal*, Vol. 19, No. 1, 2009.

③ Jeung, C. W., Yoon, H. J., and Choi, M., "Exploring the Affective Mechanism Linking Perceived Organizational Support and Knowledge Sharing Intention: A Moderated Mediation Model", *Journal of Knowledge Management*, Vol. 21, No. 3, 2017; Rhoades, L., and Eisenberger, R., "Perceived Organizational Support: A Review of the Literature", *Journal of Applied Psychology*, Vol. 87, No. 4, 2002; Ozkoç, A. G. and Bektas, T., "Organizational Support and Self-Efficacy as the Predictors of Dissenter Behavior among Hotel Employees", *International Journal of Academic Research in Business & Social Sciences*, Vol. 6, No. , 2016.

④ Tawadros, T., "Developing the Theater of Leadership: An Exploration of Practice and the Need for Research", *Advances in Developing Human Resources*, Vol. 17, No. 3, 2015; Edwards, M. R., "HR, Perceived Organizational Support and Organizational Identification: An Analysis after Organizational Formation", *Human Resource Management Journal*, Vol. 19, No. 1, 2009; 杨玉浩、龙君伟：《组织支持感、感情承诺与知识分享行为的关系研究》，《研究与发展管理》2008 年第 6 期。

⑤ Lin, H., "Effects of Extrinsic and Intrinsic Motivation on Employee Knowledge Sharing Intentions", *Journal of Information Science*, Vol. 33, No. 2, 2007; Srivastava, A., Bartol, K. M. and Locke, E. A., "Empowering Leadership in Management Teams: Effects on Knowledge Sharing, Efficacy, and Performance", *Academy of Management Journal*, Vol. 49, No. 6, 2006.

织支持感对个体的知识共享意愿和行为以及发生频率都表现出显著的正向影响。[1] 然而,教师的知识共享可能会使其面临在组织中自我价值资源受损的风险。[2] 因此,组织支持感包括教师所获得的职业成长机会,便成为推动其知识共享行为发生的重要资源因素。在组织支持感水平较低的情况下,同样具有组织支持性质的职业成长机会将会对知识共享表现出更强的影响;在组织支持感水平较高的情况下,个体将在心理上更好地融入组织,并对履行利组织行为的能力更为自信,[3] 进而使职业成长机会对知识共享效能感的影响效应被进一步强化。

据此,我们提出本章研究的假设 H_{3a}:中小学教师职业成长机会对知识共享的直接影响受到组织支持感的调节;假设 H_{3b}:知识共享效能感中介作用的前半段(即中小学教师职业成长机会对知识共享效能感的影响)受到组织支持感的调节。

综上所述,本章研究拟探讨职业成长机会、知识共享效能感对教师知识共享的影响机制及组织支持感的调节效应(见图 6-1)。具体而言,中小学教师的职业成长机会通过知识共享效能感对知识共享产生影响作用。同时,上述影响机制的直接关系和间接关系还受到组织支持感的调节作用,即教师的职业成长机会与组织支持感的交互效应对其知识共享及效能感的影响作用显著。

---

[1] Jeung, C. W., Yoon, H. J., and Choi, M., "Exploring the Affective Mechanism Linking Perceived Organizational Support and Knowledge Sharing Intention: A Moderated Mediation Model", *Journal of Knowledge Management*, Vol. 21, No. 3, 2017; King, W. R. and Marks, P. V., "Motivating Knowledge Sharing Through a Knowledge Management System", *International Journal of Management Science*, Vol. 36, No. 1, 2008;杨玉浩、龙君伟:《组织支持感、感情承诺与知识分享行为的关系研究》,《研究与发展管理》2008 年第 6 期。

[2] Bock, G. W., and Kim, Y. G., "Breaking the Myths of Rewards: An Exploratory Study of Attitudes about Knowledge Sharing", *Information Resources Management Journal*, Vol. 15, No. 2, 2002.

[3] Cropanzano, R. and Mitchell, M. S., "Social Exchange Theory: An Interdisciplinary Review", *Journal of Management*, Vol. 31, No. 6, 2005.

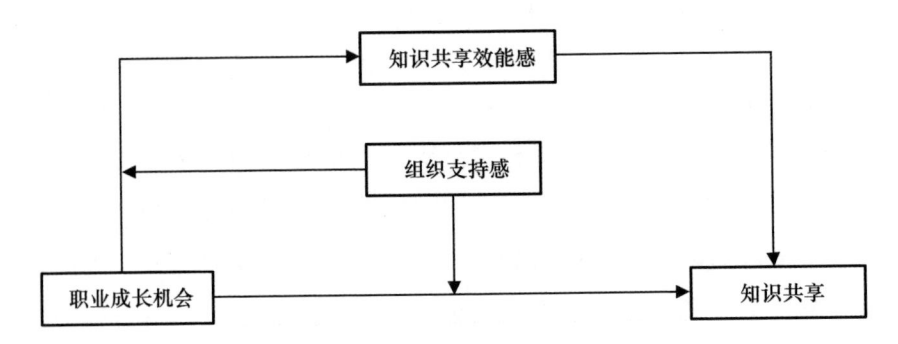

图 6－1　本章研究假设模型

二　研究方法与过程

（一）样本情况

本章研究选取北京市不同学区的 20 所中小学校进行调查，共向在编在岗的任课教师发放问卷 1500 份，其中有效数据 1342 份（有效率为 89.47%），被调查教师的平均年龄为 37.35 岁（标准差 8.20），教龄的平均值为 15.11 年（标准差 9.88）。其中，男性 250 人（18.63%）、女性 1089 人（81.15%）、信息缺失 3 人（0.22%）；在受教育水平上，36 人的学历为"专科及以下"（2.68%），1132 人的学历为"本科"（84.35%），167 人的学历为"研究生及以上"（12.44%），另有 7 人信息缺失（0.52%）；在学段分布上，有 912 人为小学教师（67.96%），430 人为中学教师（32.04%）。

（二）研究工具

职业成长机会。借鉴张勉、张德的研究，选取其中的 2 道正向计分题目对教师的职业成长机会进行测量。[1] 问卷由单一维度构成，采

---

[1] 张勉、张德：《企业雇员离职意向的影响因素：对一些新变量的量化研究》，《管理评论》2007 年第 4 期。

用 5 点计分，从 1 "非常不同意" 到 5 "非常同意"。在本章研究中，该问卷的 α 信度系数为 0.824。

知识共享效能感。采用 Kankanhalli 等人关于知识共享效能感的测量问卷，选取其中的 2 道正向计分题目。① 问卷由单一维度构成，采用 7 点计分，从 1 "完全不符合" 到 7 "完全符合"。在本章研究中，该问卷的 α 信度系数为 0.878。

知识共享。通过知识共享意愿和知识共享行为两个维度对教师的知识共享进行测量。其中，知识共享意愿采用于米修订的中文版问卷，共包括 7 个题目；② 知识共享行为采用田立法修订的知识共享中文版问卷，共包括 4 个题目。③ 问卷采用 5 点计分，从 1 "非常不同意" 到 5 "非常同意"。在本章研究中，知识共享意愿和行为两个维度的 α 信度系数分别为 0.841、0.847，问卷整体的 α 信度系数为 0.87；对其二维结构进行验证性因素分析，结果显示：χ^2 = 847.035，df = 43，CFI = 0.945，TLI = 0.930，RMSEA = 0.121，SRMR = 0.028。

组织支持感。采用刘智强和邓传军等人修订的中文版《组织支持感》问卷，该问卷由 6 个题目构成。④ 问卷题目均采用 5 点计分，从 1 "非常不同意" 到 5 "非常同意"。在本章研究中，该问卷的 α 信度系数为 0.856。

（三）数据收集与处理

在统一指导语和施测程序的基础上，要求参与调查的教师独立完

---

① Kankanhalli, A., Tan, B. and Wei, K. K., "Contributing Knowledge to Electronic Knowledge Repositories: An Empirical Investigation", *Mis Quarterly*, Vol. 29, No. 1, 2005.
② 于米：《个人/集体主义倾向与知识分享意愿之间的关系研究：知识活性的调节作用》，《南开管理评论》2011 年第 6 期。
③ 田立法：《高承诺工作系统驱动知识共享：信任关系的中介作用及性别的调节作用》，《管理评论》2015 年第 6 期。
④ 刘智强、邓传军、廖建桥、龙立荣：《组织支持、地位认知与员工创新：雇佣多样性视角》，《管理科学学报》2015 年第 10 期。

成问卷，整个问卷的填写耗时约 25 分钟。问卷回收完成后，两名检录员对纸本问卷进行双录、双检操作，并采用 SPSS24.0 和 Mplus7.0 对数据进行管理和分析。首先，对本章研究所涉及变量的结构效度和共同方法偏差效应进行检验；其次，在对各变量进行描述统计的基础上，对有调节的中介模型进行分析；最后，对模型的稳健性及交互效应做进一步的检验。

三　数据分析与假设检验

（一）结构效度的验证性因素分析

对本章研究所关注的变量的结构效度进行检验，我们采用 Mplus7.0 对职业成长机会、知识共享效能感、组织支持感和知识共享进行验证性因素分析（结果如表 6-1 所示）。与其他 3 个备选的竞争模型相比，包含有四个因素的基准模型对数据的拟合效果最佳（χ^2 = 2311.259，df = 183，CFI = 0.924，TLI = 0.913，RMSEA = 0.096，SRMR = 0.041；基准模型与竞争模型相比，$\Delta \chi_A^2$ = 1126.161，Δdf = 3，$p < 0.001$，$\Delta \chi_B^2$ = 375.973，Δdf = 3，$p < 0.001$，$\Delta \chi_C^2$ = 1465.067，Δdf = 5，$p < 0.001$），同时各变量题目的因素载荷及 t 值均显著。由此说明，本章研究所涉及的四个变量，其关系具有较为清晰的结构，变量彼此间被区分为四个不同的构念。

（二）共同方法偏差检验

在采用被试自我报告进行数据收集的条件下，共同方法偏差可能会对研究结果产生影响。为此，本章研究除了在研究程序上予以控制外，还在数据的统计分析阶段运用 Harman 单因素法对共同方法偏差进行检验。首先，在未旋转的情况下运用主成分法对所有题目进行探索性因素分析，结果显示：11 个因子的特征根值大于 1，第一个因子的方差解释率为 28.61%（低于临界标准 40%）。其次，将四个因素整合为单因素模型,并运用验证性因素分析对其进行检验,结果发现:单因素模型的拟合效果较差(χ^2 = 8340.437, df = 189, CFI = 0.710, TLI = 0.678, RMSEA = 0.184, SRMR = 0.092)。由此可知,本章研究并不存在严重的共同方法偏差影响。

表6-1　　　　　　　各变量的验证性因素分析

模型结构	χ^2	df	CFI	TLI	RMSEA	SRMR	$\Delta\chi^2$	Δdf
基准模型:CGO;KSSE;POS;KS	2311.259	183	0.924	0.913	0.096	0.041		
模型A:CGO+KSSE;POS;KS	3437.420	186	0.884	0.869	0.117	0.058	1126.161***	3
模型B:CGO+POS;KSSE;KS	2687.232	186	0.911	0.900	0.103	0.052	375.973***	3
模型C:CGO+KSSE+POS;KS	3776.326	188	0.872	0.857	0.122	0.067	1465.067***	5

注:CGO=职业成长机会,KSSE=知识共享效能感,POS=组织支持感,KS=知识共享;***代表$p<0.001$。

(三)描述统计分析

各变量的均值、标准差以及变量之间的相关分析结果见表6-2。职业成长机会与知识共享效能感、知识共享和组织支持感均具有显著相关;知识共享效能感与知识共享、组织支持感均具有显著的相关;知识共享与组织支持感之间也表现出显著的相关。同时,年龄、教龄、在职年限等人口学变量也与本章研究核心变量具有显著的相关。此外,对职业成长机会、知识共享效能感、知识共享和组织支持感四个变量的平均变异萃取量(AVE)进行检验,结果显示:AVE的值在0.76—0.89之间,均高于0.5且大于各成对变量相关系数平方。

表6-2 各变量均值、标准差及变量间的相关关系

	M	SD	1	2	3	4	5	6	7	8	9
1	0.81	0.39									
2	37.35	8.20	-0.063*								
3	15.11	9.88	-0.061*	0.943**							
4	8.85	7.59	-0.041	0.612**	0.616**						
5	2.10	0.38	0.120**	-0.234**	-0.306**	-0.231**					
6	3.54	0.78	-0.023	0.119**	0.149**	0.076**	0.005	(0.85)			
7	4.83	1.26	-0.082**	0.130**	0.152**	0.097**	-0.034	0.276**	(0.89)		
8	3.72	0.59	0.026	0.089**	0.114**	0.085**	-0.002	0.669**	0.318**	(0.76)	
9	3.43	0.79	-0.039	0.081**	0.114**	0.005	-0.016	0.704**	0.363**	0.689**	(0.84)

注：*代表 $p<0.05$，**代表 $p<0.01$；1表示性别，2表示年龄，3表示教龄，4表示在职年限，5表示教育水平，6表示职业成长机会，7表示知识共享效能感，8表示知识共享，9表示组织支持感；女性=1；专科及以下=1，本科=2，研究生及以上=3；对角线括弧中的数字为AVE值。

（四） 有调节的中介模型检验

在控制年龄、教龄和在职年限的基础上，对研究假设的有调节的中介模型进行检验，回归分析的结果显示（见表6-3）：教师的职业成长机会显著正向影响知识共享（$b=0.517$，$p<0.001$），同时，教师的职业成长机会也显著正向影响其知识共享效能感（$b=0.438$，$p<0.001$）；用预测变量和中介变量同时来预测知识共享，教师的职业成长机会对其知识共享仍旧表现出显著的正向影响（$b=0.489$，$p<0.001$），且知识共享效能感对知识共享具有显著的正向影响（$b=0.063$，$p<0.001$）；将职业成长机会、组织支持感以及二者的交互项纳入方程，职业成长机会（$b=0.102$，$p<0.05$）、组织支持感（$b=0.377$，$p<0.001$）对知识共享效能感的正向影响显著，且二者的交互项对知识共享效能感的正向影响显著（$b=0.082$，$p<0.01$）；将职业成长机会、知识共享效能感、组织支持感以及职业成长机会和组织支持感的交互项纳入方程，职业成长机会（$b=0.097$，$p<0.001$）、知识共享效能感（$b=0.051$，$p<0.001$）和组织支持感（$b=0.169$，$p<0.001$）对知识共享的正向影响显著，且职业成长机会与组织支持感的交互项对知识共享具有显著的反向影响（$b=-0.128$，$p<0.001$）。

运用Bootstrap法对有调节的中介效应的稳健性进行检验，结果显示：知识共享效能感在职业成长机会对知识共享的影响中起中介作用，中介效应为0.030，其95%置信区间为[0.017，0.045]，中介效应占总效应的5.70%。将组织支持感划分为高分组和低分组（$M±1SD$），在组织支持感高分组，知识分享效能感的中介作用显著，其效应值为0.010，95%置信区间为[0.003，0.213]；在组织支持感低分组，知识分享效能感的中介作用不显著，其效应值为0.003，95%置信区间为[-0.003，0.010]，包含有0。进一步对交互效应进行简单斜率检验，结果发现：对于组织支持感高分组（$b_{simple}=0.013$，

表6-3 模型检验的回归分析

	知识共享 模型1		知识共享效能感 模型2		知识共享 模型3		知识共享效能感 模型4		知识共享 模型5	
	b	t	b	t	b	t	b	t	b	t
年龄	-0.003	-0.628	-0.008	-0.665	-0.002	-0.504	-0.004	-0.470	-0.004	-1.174
教龄	0.001	0.334	0.019	1.868	0.001	0.051	0.012	1.479	0.002	0.547
在职年限	0.003	1.578	0.002	0.309	0.003	1.440	0.005	1.105	0.005	2.851
CGO	0.517	32.767***	0.438	9.970***	0.489	30.144***	0.102	1.999*	0.097	6.238***
KSSE					0.063	6.369***			0.051	4.891***
POS							0.377	9.798***	0.169	11.263***
CGO×POS							0.082	3.416**	-0.128	-18.859***
R^2	0.460		0.092		0.476		0.155		0.655	
F	278.193***		33.188***		234.844***		39.707***		348.289***	

注：*代表$p<0.05$，**代表$p<0.01$，***代表$p<0.001$；CGO＝职业成长机会，KSSE＝知识共享效能感，POS＝组织支持感，KS＝知识共享。

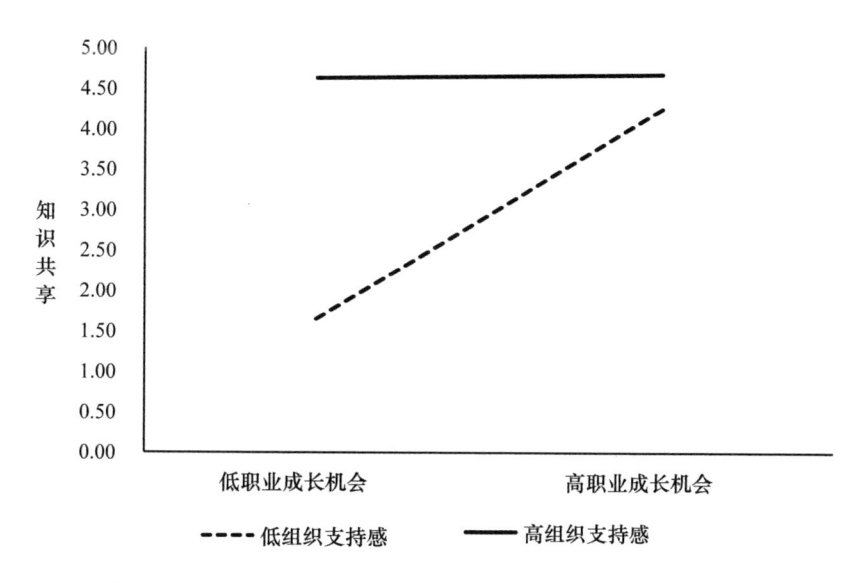

第六章 中小学教师职业成长机会与知识共享：过程与条件

图 6-2 职业成长机会与组织支持感对知识共享的交互效应

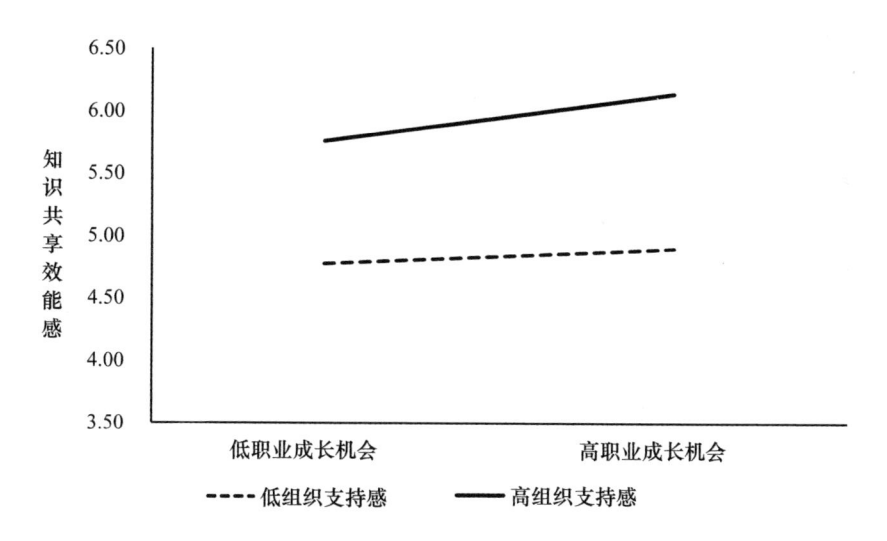

图 6-3 职业成长机会与组织支持感对知识共享效能感的交互效应

$SE=0.018$，$t=0.209$，$p>0.05$），职业成长机会对知识共享的影响不显著，而对于组织支持感低分组（$b_{simple}=0.294$，$SE=0.021$，$t=15.872$，$p<0.001$），职业成长机会对知识共享均具有显著的影响（见图6-2）。此外，对于组织支持感低分组（$b_{simple}=0.108$，$SE=0.013$，$t=0.456$，$p>0.05$），职业成长机会对知识共享效能感的影响不显著，而对于组织支持感高分组（$b_{simple}=0.174$，$SE=0.016$，$t=2.063$，$p<0.05$），则职业成长机会对知识共享效能感具有显著的影响（见图6-3）。

四 讨论与总结

（一）结果讨论

本章研究发现，职业成长机会对知识共享具有显著的正向预测作用。这一发现与已有的实证研究结果一致，那些具有较好职业发展机会的员工更愿意向同事或组织内部成员分享知识技能。[1] 一方面，职业成长机会是工作资源的重要表现形式，反映了个体所获得的来自组织的支持。基于此，根据社会交换理论的互惠原则，面对组织的认可与关注，个体会形成强烈的责任义务与回报意愿，并乐于通过共享知识来对组织发展做出贡献。[2] 另一方面，对于知识员工（特别是中小学教师）群体而言，职业成长机会与其个人专业能力提升关系密切。具有较多职业成长机会的个体，往往能够获得较好的知识更新和业务技能提升，这在一定程度上推动了其在实际工作中的业务合作与知识交流。[3]

---

[1] 关培兰、高原：《知识员工组织职业生涯管理对知识共享的影响——以组织承诺为中间变量的一个实证研究》，《经济管理》2007年第23期。

[2] Edwards, M. R., "HR, Perceived Organizational Support and Organizational Identification: An Analysis after Organizational Formation", *Human Resource Management Journal*, Vol. 19, No. 1, 2009.

[3] Runhaar, P. and Sanders, K., "Promoting Teachers' Knowledge Sharing. The Fostering Roles of Occupational Self-Efficacy and Human Resources Management", *Educational Management Administration & Leadership*, Vol. 44, No. 5, 2016.

本章研究发现，在中小学教师职业成长机会与知识共享的关系中，知识共享效能感具有显著的中介作用。以往的研究表明，来自组织系统的职业发展支持，不仅有助于员工一般性自我效能感的提升，同时还会显著增强其特定性自我效能感，例如教学效能感。[1] 本章研究则发现，中小学教师的职业成长机会还会对其知识共享效能感产生影响，那些在工作中获得更多职业发展机会的教师，其知识共享的效能感水平也更高。根据社会认知理论，职业成长机会将对个体的认知与心理形成相对应的变化影响。对于教师而言，职业成长机会的获得，不仅代表着其知识技能和专业能力的增加，同时还意味着其在同事群体中发展优势的提升。因此，那些具有较高职业成长机会的教师，会在知识共享过程中对其能力具有更高的自我评价和自信体验。同时，与知识共享的动机观点及计划行为理论相一致，[2] 本章研究也发现，知识共享效能感对知识共享具有显著的正向影响，且职业成长机会通过知识共享效能感对知识共享产生影响。随着职业成长机会的增多，个体的知识共享效能感得以增强，在提升个体间合作交流的同时强化了其对行为的动力作用机制。此外，自我效能感作为知觉行为控制的重要因素，教师对其知识共享意愿和行为实施的预期控制能力也会随着知识共享效能感的提升而得以增强。

本章研究发现，职业成长机会对中小学教师的知识共享的直接效应和间接效应受到组织支持感的调节。其中，组织支持感的调节点位于中介路径的前半段，即在组织支持感水平较低的教师中，职业成长机会对知识共享的正向影响表现显著；在组织支持感水平较高的教师

---

[1] Tawadros, T., "Developing the Theater of Leadership: An Exploration of Practice and the Need for Research", *Advances in Developing Human Resources*, Vol. 17, No. 3, 2015；辛涛、申继亮、林崇德：《教师自我效能感与学校因素关系的研究》，《教育研究》1994 年第 10 期。

[2] Cabrera, Á. and Cabrera, E. F., "Knowledge-Sharing Dilemmas", *Organization Studies*, Vol. 23, No. 5, 2002；Ajzen, I., "Perceived Behavioral Control, Self-Efficacy, Locus of Control, and the Theory of Planned Behavior", *Journal of Applied Social Psychology*, Vol. 32, No. 4, 2002.

中，知识共享效能感的中介作用表现显著。知识共享作为一种利组织行为，是典型的角色外行为，对于教师而言，其发生具有失去在同事群体中竞争优势的风险。[1] 根据资源保存理论，当教师感知到的组织支持较低时，作为一种资源补充，同样具有组织支持性质的职业成长机会，对知识共享发挥了重要的推动作用。[2] 另一方面，组织支持感会增强个体对组织的归属感与回馈意愿，使其对知识共享的认知超越单纯的个体间的互助行为。因此，当教师感知到的组织支持较高时，职业成长机会的影响还可能因组织支持感的提升而得以加强，并表现出较高的自我效能感，从而提升其将个体知识转化为学校知识的能力认知。

（二）实践启示

本章研究发现，中小学教师的知识共享表现与其职业成长机会、知识共享效能感以及所感受到的组织支持有关。为提升教师的知识共享表现、加强学校内部的知识交流水平、提高学校的整体学习能力与办学质量，在今后的管理实践中，应着重关注以下几个方面。

第一，在新时代教育改革发展的背景下，作为优化教育质量和提升优质教育资源均衡发展水平的基础性条件，学校的知识管理能力客观上影响和反映了其整体办学的绩效状况。基于此，从微观层面来看，通过给予教师更多的职业成长机会来加强教师个人的知识技能水平和专业发展能力，是促进学校内部教师间知识共享、将个人知识转化为学校知识的重要途径，也是提升学校整体办学质量的重要前提。

第二，提升教师知识共享的规模与水平，一方面，要使教师认识

---

[1] Bock, G. W. and Kim, Y. G., "Breaking the Myths of Rewards: An Exploratory Study of Attitudes about Knowledge Sharing", *Information Resources Management Journal*, Vol. 15, No. 2, 2002.

[2] 曹霞、瞿皎姣：《资源保存理论溯源、主要内容探析及启示》，《中国人力资源开发》2014年第15期。

到合作学习、知识交流对自身业务提高和学校持续发展的重要性，并从学校层面为教师业务交流、学历提升、知识更新等创设更多的便利条件；另一方面，还要鼓励、帮助教师构建完善的专业知识技能体系和可接续的自我发展能力，并在学校内部营造有益于知识共享的组织氛围，使教师形成主动进行知识共享的意识与自信心。通过提升中小学教师对知识共享的行为控制知觉水平，有效促进和提升其在合作学习、互动交流、分享知识与技能中的表现。

第三，组织支持是教师知识共享不可或缺的资源影响因素，也是学校进行知识管理、提升办学质量的重要保障。学校在向教师发展提供帮助的同时，也与教师个体形成了具有互惠性质的心理联结，强化了学校与教师发展的共生特征。因此，学校一方面要保证和加大对教师发展的支持力度，另一方面也要使这种基于组织形式下的支持机制制度化，从而切实推动教师个人与学校的共赢发展。

（三）研究展望

本章研究以中小学教师为研究对象，获得了一些有意义的研究结果，为基础教育领域的管理实践提供了有益的参考支持。但是，本章所呈现的研究也存在一些不足。一是本章研究属于横断研究设计，在变量因果关系的确认及非教师群体的推论上仍需谨慎。二是本章研究运用问卷调查法，由被试主观作答进行数据收集，不可避免会存在一定的偏差影响（例如共同方法偏差）。三是本章研究的调查被试来自不同区和不同学区的20所中小学校，但这些学校之间仍旧存在一定的地区同质性（均为北京市）。

针对上述内容，我们将在后续研究中进行如下改进与展望。首先，在研究方法与设计细节上，可通过在不同时间点进行数据采集的方式来提升变量因果关系的确认水平，也可通过纵向研究设计对本章研究发现作进一步的检验。同时，通过多类型、多来源方式或实验设计进行数据收集，并考虑从单一地区抽样扩展至其他省市，将组织支持感作为学校层级变量采用 HLM 分析对模型进行检验,以增强研究的生态效度及推广适用性。其次,从研究内容的设定来看,华人文化背景下的个体与组织关系,往往是以其与组织领导者的关系为基础的。[①] 因此,这种来自组织的支持感知是否同时还会(或更多)受到"领导—成员关系"的影响,在未来研究中可以考虑将相关变量纳入研究假设中予以检验。最后,在研究方向上,不仅要关注中小学教师知识共享的影响机制,更要注重其影响效果的检验。因此,中小学教师知识共享与学校办学质量、发展性组织绩效等的影响关系,以及学区内部优质教育资源的配置均衡水平、宏观层面的教育行政管理政策等因素在上述关系中的作用,都将是未来研究重点聚焦的内容。

[①] 郑伯埙:《差序格局与华人组织行为》,《本土心理学研究》1995 年第 3 期。

第 七 章

中小学教师职业成长机会与知识共享：多重机制与比较

一 引言

作为新时代中国特色社会主义教育发展的首要任务，"公平与质量"这一历史使命的完成离不开教师专业能力的提升。在新时代教育改革发展背景下，学校整体办学质量的提高要以教师发展为前提和保障。因此，促进教师学习和知识技能共享成为学校知识管理必须重视的问题。其中，知识共享作为教师专业能力发展和学校整合智力资源的重要手段，对教师和学校都具有重要的意义。然而，在教育、教学管理实践中，由于知识共享可能使个体面临在组织中丧失竞争优势的风险，多数教师并不会主动进行知识共享。[①] 为此，如何激发和提升教师的知识共享，就成为我们必须关注的问题。

在中小学校中，教师职业成长机会的获得，将会有效促进其个人的专业能力提升和职业发展，也将进一步使其在组织中的发展优势得以确保，从而缓解其因知识共享而产生的个人损益顾虑并对自我形成

---

① Bock, G. W. and Kim, Y. G., "Breaking the Myths of Rewards: An Exploratory Study of Attitudes about Knowledge Sharing", *Information Resources Management Journal*, Vol. 15, No. 2, 2002.

更为积极、自信的评价。因此，在教师等知识型员工为主体的组织中，职业成长机会可能会对个体的知识共享具有促进作用。此外，从职业成长机会与知识共享的相互关系来看，二者的影响作用是直接关系还是通过第三方变量的间接关系，对我们进一步把握和理解中小学教师知识共享的影响机制非常重要。已有研究指出，诸如人格、自信心、团队信任、组织文化、领导成员关系等个体和组织因素，都会对个体的知识共享产生影响。① 在这些影响因素中，分别反映个体特征和组织情境的效能感、组织支持感变量，与职业成长机会和知识共享表现都具有密切的关联。为此，本章研究以中小学教师为研究对象，将教师效能感和组织支持感作为中介变量，以考察职业成长机会对知识共享的影响机制。

（一）职业成长机会与知识共享

作为工作资源的重要形式和发展型人力资源实践的主要结果，职业成长机会指个体感知到的被所属组织分配的工作任务或获得的工作机会与其职业兴趣、目标的匹配程度，体现了组织环境变量对个体职业发展的支持。② 作为一种工作资源，内部岗位轮换、职务职级晋升、专业技能培训等机会的获得有助于个体达成工作目标，使其在个人职业发展过程中感受到更多来自组织（或领导）的认可支持，同时，职业成长机会的获得还与组织承诺的提升具有显著相关。③ 作为回报，个体将表现出更多的利组织行为，通过与组织成员的知识共享促进组

---

① Wang, S. and Noe, R. A., "Knowledge Sharing: A Review and Directions for Future Research", *Human Resource Management Review*, Vol. 20, No. 2, 2010.

② Kraimer, M. L., Seibert, S. E., Wayne, S. J., Liden, R. C. and Bravo, J., "Antecedents and Outcomes of Organizational Support for Development: The Critical Role of Career Opportunities", *Journal of Applied Psychology*, Vol. 96, No. 3, 2011.

③ Weng, Q., Mcelroy, J. C., Morrow, P. C. and Liu, R., "The Relationship between Career Growth and Organizational Commitment", *Journal of Vocational Behavior*, Vol. 77, No. 3, 2010.

织发展。① 此外，在员工的薪酬结构中，职业成长机会体现了个体对自身未来可发展空间的预测，是有别于物质回报、反映其在工作中所获得的精神回报的一种内在薪酬。那些具有较高内在薪酬满意度的员工，更倾向于向他人或组织共享知识。② 在中小学教师群体中，其职业成长机会的获得更多来自学校。因此，当学校向教师提供进修、学历提升、评职评优等职业发展机会的时候，基于对学校支持的回馈，教师将较少考虑个人损益而表现出更多有利于组织发展和绩效的行为。

综上所述，本章研究提出假设 H_1：职业成长机会对中小学教师知识共享具有显著正向影响。

（二）教师效能感的中介作用

教师效能感是自我效能感在教师群体中的扩展与应用，针对本章研究关注的变量，我们主要探讨教师的一般自我效能感和知识共享效能感。其中，在知识管理研究领域中，形成了基于一般自我效能感概念的知识共享效能感，即个体关于能够有效共享信息的自信水平。③ 在影响教师效能感的情境因素中，组织支持具有重要的促进作用。④ 一方面，组织支持反映了对员工绩效和综合表现的认可，这将极大的增强个体对其能力的自信。⑤ 职业成长机会作为组织向个体提供的支

---

① Runhaar, P. and Sanders, K., "Promoting Teachers' Knowledge Sharing. The Fostering Roles of Occupational Self-Efficacy and Human Resources Management", *Educational Management Administration & Leadership*, Vol. 44, No. 5, 2016；王勇、韦志飞、王利：《工作资源、工作投入对知识共享影响的实证研究》，《科技管理研究》2012 年第 24 期。

② 肖志雄、聂天奇：《薪酬对员工知识共享意愿的影响》，《经营管理者》2015 年第 32 期。

③ Acker, F. V., Vermeulen, M., Kreijns, K., Lutgerink, J. and Buuren, H. V., "The Role of Knowledge Sharing Self-Efficacy in Sharing Open Educational Resources", *Computers in Human Behavior*, Vol. 39, No. 39, 2014.

④ Tschannen-Moran, M., Hoy, A. W. and Hoy, W. K., "Teacher Efficacy: Its Meaning and Measure", *Review of Educational Research*, Vol. 68, No. 2, 1998.

⑤ Tawadros, T., "Developing the Theater of Leadership: An Exploration of Practice and the Need for Research", *Advances in Developing Human Resources*, Vol. 17, No. 3, 2015.

持性工作资源，体现了组织环境对个体的支持，[1] 这对于个体自我效能感具有提升作用。相关研究显示，工作提供的发展条件、学校的支持系统和制度的完整性等组织情境因素，对教师的一般教育效能感和个人教学效能感具有显著的正向影响。[2] 另一方面，个体本身所具有的学习目标取向，对其任务完成的信心也具有提升效应。[3] 通过职业成长机会的获得，个体的专业技能和综合素质得以增强，进而增加其对自我的积极评价和效能感。[4]

作为教师参与学习交流活动的重要前因变量，教师效能感同知识共享也表现出显著的相关。观念与信息的交流是知识管理的关键所在和实现途径，在此过程中，自我效能感的增强能够显著提高个体的合作意愿，进而促进知识共享的发生。[5] 此外，作为促进知识共享等角色外行为发生的内在动机，知识共享效能感反映了个体对自我行为控制的认知状态，[6] 即个体认为自己的知识共享对组织发展具有贡献，且自己具备进行有效知识共享的能力。因此，那些知识共享效能感越高的个体，越有可能表现出交流信息、分享知识的意愿，也越有动力向同事去进行知识共享。[7] 包括在以教师等知识型员工为主体的组织

---

[1] Kraimer, M. L., Seibert, S. E., Wayne, S. J., Liden, R. C. and Bravo, J., "Antecedents and Outcomes of Organizational Support for Development: The Critical Role of Career Opportunities", *Journal of Applied Psychology*, Vol. 96, No. 3, 2011; Demerouti, E., Bakker, A. B., Nachreiner, F. and Schaufeli, W. B., "The Job Demands-Resources Model of Burnout", *Journal of Applied Psychology*, Vol. 86, No. 3, 2001.

[2] 辛涛、申继亮、林崇德：《教师自我效能感与学校因素关系的研究》，《教育研究》1994年第10期。

[3] Chadwick, I. C. and Raver, J. L., "Motivating Organizations to Learn: Goal Orientation and its Influence on Organizational Learning", *Journal of Management*, Vol. 41, No. 3, 2015.

[4] Tawadros, T., "Developing the Theater of Leadership: An Exploration of Practice and the Need for Research", *Advances in Developing Human Resources*, Vol. 17, No. 3, 2015.

[5] Cabrera, Á. and Cabrera, E. F., "Knowledge-Sharing Dilemmas", *Organization Studies*, Vol. 23, No. 5, 2002.

[6] Ajzen, I., "Perceived Behavioral Control, Self-Efficacy, Locus of Control, and the Theory of Planned Behavior", *Journal of Applied Social Psychology*, Vol. 32, No. 4, 2002.

[7] Lin, H., "Effects of Extrinsic and Intrinsic Motivation on Employee Knowledge Sharing Intentions", *Journal of Information Science*, Vol. 33, No. 2, 2007.

中，那些具有较高（知识）效能感的教师，往往更愿意将自己掌握的知识和技能分享给同事。①

综上所述，本章研究提出假设 H_{2a}：一般自我效能感在中小学教师职业成长机会对知识共享的影响中具有中介作用；H_{2b}：知识共享效能感在中小学教师职业成长机会对知识共享的影响中具有中介作用。

（三）组织支持感的中介作用

组织支持感是指个体感受到的来自组织的支持与关心，是个体知觉到的组织如何看待其贡献并给予其关注的主观体验。② 职业成长机会的获得，能够提升个体对组织支持的知觉体验。一方面，来自组织内部向员工所提供的职业发展机会，体现了组织对员工发展的资源投入。③ 当员工获得较多的职业成长机会，也意味着组织在工作上给予了其更多的资源支持，这将极大提升个体的组织支持感。④ 另一方面，组织向个体提供的内部职业机会、个人提升、技能培训等机会越多，个体和组织之间越容易形成情感性承诺关系，也越容易使个体感受到组织的认可与激励。⑤

社会交换理论认为，来自组织的关心与支持，会使个体产生被重视和尊重的心理体验，基于互惠原则，个体会形成对组织强烈的义务责任

---

① 李永涛：《动机视角下的中小学教师知识共享研究》，《宁波大学学报》（教育科学版）2014年第2期；Srivastava, A., "Teachers' Extra Role Behavior: Relation with Self Efficacy, Procedural Justice, Organizational Commitment and Support for Training", *International Journal of Management in Education*, Vol. 11, No. 2, 2017。

② Rhoades, L. and Eisenberger, R., "Perceived Organizational Support: A Review of the Literature", *Journal of Applied Psychology*, Vol. 87, No. 4, 2002.

③ 何会涛、袁勇志、彭纪生：《对员工发展投入值得吗？——发展型人力资源实践对员工知识共享行为及离职意愿的影响》，《管理评论》2011年第1期。

④ Demerouti, E., Bakker, A. B., Nachreiner, F. and Schaufeli, W. B., "The Job Demands-Resources Model of Burnout", *Journal of Applied Psychology*, Vol. 86, No. 3, 2001.

⑤ Tawadros, T., "Developing the Theater of Leadership: An Exploration of Practice and the Need for Research", *Advances in Developing Human Resources*, Vol. 17, No. 3, 2015.

和回馈意愿，进而表现出更多的利组织行为。[1] 组织支持感反映了个体与组织之间的交换意愿，对个体的工作态度与行为（特别是组织公民行为和角色外行为）都具有显著的预测作用。[2] 对于那些新入职的教师，当其感受到较高的组织支持时，其更易于投入工作并表现出利组织行为。[3] 有研究发现，组织支持不仅对员工的知识共享意愿具有显著的正向影响，[4] 同时还对知识共享行为的发生频率具有促进作用。[5]

综上所述，本章研究提出假设 H_3：组织支持感在中小学教师职业成长机会对知识共享的影响中具有中介作用。

二　研究方法与过程

（一）样本情况

本章研究从北京市选取不同学区的 20 所中小学校进行调查，共发放问卷 1500 份，有效数据 1342 份（有效率为 89.47%）。其中，男性 250 人（18.63%）、女性 1089 人（81.15%）、信息缺失 3 人（0.22%），平均年龄 37.35 岁（标准差 8.20），平均教龄为 15.11 年（标准差 9.88）；在学历方面，"专科及以下" 36 人（2.68%），"本科" 1132 人（84.35%），"研究生及以上" 167 人（12.44%），信息缺失 7 人（0.52%）；在学段分布上，小学教师 912 人（67.96%），

---

[1] Edwards, M. R., "HR, Perceived Organizational Support and Organizational Identification: An Analysis after Organizational Formation", *Human Resource Management Journal*, Vol. 19, No. 1, 2009.

[2] Rhoades, L. and Eisenberger, R., "Perceived Organizational Support: A Review of the Literature", *Journal of Applied Psychology*, Vol. 87, No. 4, 2002.

[3] 邹逸、殷玉新：《新教师组织支持感与工作投入关系的实证研究——以入职适应为中介》，《教育学术月刊》2017 年第 8 期。

[4] Jeung, C. W., Yoon, H. J., and Choi, M., "Exploring the Affective Mechanism Linking Perceived Organizational Support and Knowledge Sharing Intention: A Moderated Mediation Model", *Journal of Knowledge Management*, Vol. 21, No. 3, 2017.

[5] King, W. R. and Marks, P. V., "Motivating Knowledge Sharing Through a Knowledge Management System", *International Journal of Management Science*, Vol. 36, No. 1, 2008.

中学教师 430 人（32.04%）。

（二）研究工具

1. **职业成长机会**。借鉴张勉、张德的研究，选取正向计分题目对教师的职业成长机会进行测量。① 问卷由单一维度构成（共 2 个题目），采用李克特五级方式计分，从 1 "非常不同意"到 5 "非常同意"。在本章研究中，该问卷的 α 系数为 0.82。

2. **知识共享**。从知识共享意愿和行为两个维度，对知识共享进行测量。其中，知识共享意愿采用于米修订的中文版问卷，② 该维度包含有 7 个题目；知识共享行为采用田立法修订的中文版问卷，③ 该维度包含有 4 个题目。问卷采用五级方式计分，从 1 "非常不同意"到 5 "非常同意"。在本章研究中，知识共享意愿和行为两个维度的 α 系数分别为 0.84 和 0.85，问卷整体的 α 系数为 0.87；对其结构进行验证性因素分析，结果显示：$\chi^2 = 847.035$，$df = 43$，$CFI = 0.95$，$TLI = 0.93$，$RMSEA = 0.121$，$SRMR = 0.028$。

3. **教师效能感**。从一般自我效能感和知识共享效能感两个方面，对教师效能感进行测量。一般自我效能感采用王才康等人修订的中文版问卷，④ 该问卷包含有 10 个题目，采用四级方式计分，从 1 "非常不正确"到 4 "非常正确"。在本章研究中，该问卷的 α 系数为 0.82。知识共享效能感借鉴 Kankanhalli 等人关于知识共享效能感的测量问卷，⑤

---

① 张勉、张德：《企业雇员离职意向的影响因素：对一些新变量的量化研究》，《管理评论》2007 年第 4 期。
② 于米：《个人/集体主义倾向与知识分享意愿之间的关系研究：知识活性的调节作用》，《南开管理评论》2011 年第 6 期。
③ 田立法：《高承诺工作系统驱动知识共享：信任关系的中介作用及性别的调节作用》，《管理评论》2015 年第 6 期。
④ 王才康、胡中锋、刘勇：《一般自我效能感量表的信度和效度研究》，《应用心理学》2001 年第 1 期。
⑤ Kankanhalli, A., Tan, B. and Wei, K. K., "Contributing Knowledge to Electronic Knowledge Repositories: An Empirical Investigation", *Mis Quarterly*, Vol. 29, No. 1, 2005.

选取其中的正向计分题目。问卷由单一维度构成（共计 2 个项目），采用七级方式计分，从 1 "完全不符合"到 7 "完全符合"。在本章研究中，该问卷的 α 系数为 0.88。

4. **组织支持感**。采用刘智强和邓传军等人修订的中文版问卷，该问卷由一个维度构成，共 6 个题目。[①] 问卷题目采用五级方式计分，从 1 "非常不同意"到 5 "非常同意"。在本章研究中，该问卷的 α 系数为 0.86。

（三）数据收集与处理

随机抽取北京市不同学区的 20 所中小学校参与本章研究的调查。在统一指导语的基础上，要求各校在编、在岗的任课教师独立完成调查问卷，整个问卷的填写过程约 25 分钟。问卷回收完成后，由两名检录员进行双录、双检操作，并采用 SPSS24.0 和 Mplus7.0 对数据进行管理和分析。首先，在采用结构方程模型中的验证性因素分析对本章研究所涉及变量的构念效度进行检验的同时，进一步明确同源偏差对本章研究可能产生的影响程度。其次，对各变量进行描述统计。最后，对研究构建的多重中介模型进行验证。

三 研究结果与分析

（一）构念效度及同源偏差检验

为检验本章研究中核心变量（职业成长机会、一般自我效能感、知识共享效能感、组织支持感和知识共享）的构念效度，采用 Mplus7.0 对其进行验证性因素分析（见表 7-1）。与竞争模型相比，五因素的基准模型对数据的拟合效果最佳（$\chi^2 = 3953.21$，$df = 424$，

[①] 刘智强、邓传军、廖建桥、龙立荣：《组织支持、地位认知与员工创新：雇佣多样性视角》，《管理科学学报》2015 年第 10 期。

CFI = 0.91，TLI = 0.90，RMSEA = 0.081，SRMR = 0.048；基准模型与竞争模型相比，$\Delta \chi_A^2$ = 889.89，Δdf = 4，p < 0.001，$\Delta \chi_B^2$ = 7826.49，Δdf = 7，p < 0.001，$\Delta \chi_C^2$ = 2560.69，Δdf = 7，p < 0.001，$\Delta \chi_D^2$ = 1266.19，Δdf = 7，p < 0.001，$\Delta \chi_E^2$ = 8206.18，Δdf = 9，p < 0.001），且各变量的因素载荷及 t 值均达到显著，说明本章研究所涉及的五个变量具有良好的区分效度，变量彼此之间分属不同的构念。同时，将所有变量整合成一个因素进行检验，与基准模型相比，单因素模型的拟合结果较差（χ^2 = 16913.12，df = 434，CFI = 0.56，TLI = 0.52，RMSEA = 0.173，SRMR = 0.171），其各项拟合指标的表现均不如基准模型。由此可知，同源偏差对变量关系结构可能存在的影响并不严重，可以进行后续的模型检验分析。

表 7-1　　　　　　　　**各变量的验证性因素分析**

模型结构	χ^2	df	CFI	TLI	RMSEA	SRMR	$\Delta \chi^2$	Δdf
基准模型：CGO；GSE；KSSE；POS；KS	3953.21	424	0.91	0.90	0.081	0.048		
模型 A：CGO；GSE + KSSE；POS；KS	4843.10	428	0.88	0.87	0.090	0.065	889.89	4
模型 B：CGO；GSE + KSSE + POS；KS	11779.70	431	0.69	0.67	0.144	0.157	7826.49	7
模型 C：CGO + GSE + KSSE；POS；KS	6513.9	431	0.84	0.82	0.105	0.140	2560.69	7
模型 D：CGO + POS；GSE + KSSE；KS	5219.40	431	0.87	0.86	0.093	0.069	1266.19	7
模型 E：CGO + GSE + KSSE + POS；KS	12159.39	433	0.68	0.66	0.146	0.159	8206.18	9

注：CGO = 职业成长机会，GSE = 一般自我效能感，KSSE = 知识共享效能感，POS = 组织支持感，KS = 知识共享。

（二）描述统计分析

各变量的均值、标准差以及变量之间的相关分析结果见表 7-2。

职业成长机会与一般自我效能感、知识共享效能感和组织支持感均具有显著正相关；知识共享与一般自我效能感、知识共享效能感和组织支持感均具有显著正相关，同时，职业成长机会与知识共享也表现出显著的正相关，同时，年龄、教龄、在职年限等人口学变量也与所关注的核心变量具有显著的相关。此外，对职业成长机会、知识共享、一般自我效能感、知识共享效能感和知识共享五个变量的平均变异萃取量（AVE）进行检验，结果显示：AVE 值均高于 0.5，且大于各成对变量相关系数的平方。

（三）多重中介模型检验

为避免多重共线性的干扰，我们对数据进行了标准化处理，统计分析的结果显示（见表 7-3 和图 7-1）：首先，职业成长机会对教师的知识共享具有显著的正向影响（$b = 0.517$，$SE = 0.023$，$p < 0.001$），其次，职业成长机会对一般自我效能感（$b = 0.153$，$SE = 0.016$，$p < 0.001$）、知识共享效能感（$b = 0.438$，$SE = 0.035$，$p < 0.001$）和组织支持感（$b = 0.742$，$SE = 0.022$，$p < 0.001$）具有显著的正向影响，最后，将自变量和中介变量同时纳入方程，职业成长机会对知识共享的影响虽有所降低，但仍旧具有显著的正向影响（$b = 0.264$，$SE = 0.018$，$p < 0.001$）。同时，除一般自我效能感外（$b = -0.033$，$SE = 0.015$，$p > 0.05$），知识共享效能感（$b = 0.044$，$SE = 0.011$，$p < 0.001$）和组织支持感（$b = 0.313$，$SE = 0.021$，$p < 0.001$）对知识共享均表现出显著的正向影响。

运用 Bootstrap 法对中介作用的稳健性及效果量进行检验，结果显示：在多重中介模型中，除一般自我效能感外（其间接效应值为 -0.005，95% 的置信区间在 -0.012—0.002 之间），知识共享效能感和组织支持感的中介效应值均达到显著水平。其中，知识共享效能感的间接效应值为 0.021（$SE = 0.007$），95% 的置信区间为 [0.008，0.037]，组织支持感的间接效应值为 0.227（$SE = 0.030$），95% 的置

表7-2 各变量均值、标准差及变量间的相关关系

	M	SD	1	2	3	4	5	6	7	8	9	10
1	0.81	0.39										
2	37.35	8.20	-0.06*									
3	15.11	9.88	-0.06*	0.94**								
4	8.85	7.59	-0.04	0.61**	0.62**							
5	2.10	0.38	0.12**	-0.23**	-0.31**	-0.23**						
6	4.54	0.78	-0.02	0.12**	0.15**	0.08**	0.00	(0.85)				
7	3.01	0.60	-0.05	0.07	0.08**	0.06*	-0.03	0.20**	(0.61)			
8	4.83	1.26	-0.08**	0.13**	0.15**	0.10**	-0.03	0.28**	0.59**	(0.89)		
9	3.43	0.79	-0.04	0.08**	0.11**	0.00	-0.02	0.70**	0.27**	0.36**	(0.84)	
10	3.72	0.59	0.03	0.09**	0.11**	0.09**	0.00	0.67**	0.21**	0.32**	0.69**	(0.76)

注：* 代表 $p<0.05$，** 代表 $p<0.01$；1 表示性别，2 表示年龄，3 表示教龄，4 表示在职年限，5 表示教育水平，6 表示职业成长机会，7 表示一般自我效能感，8 表示知识共享效能感，9 表示组织支持感，10 表示知识共享；女性=1；专科及以下=1，本科=2，研究生及以上=3；对角线括弧中的数字为 AVE 值。

表7-3　多重中介效应的回归分析

	KS 模型1		GSE 模型2a		KSSE 模型2b		POS 模型2c		KS 模型3	
	b	t	b	t	b	t	b	t	b	t
年龄	-0.003	-0.628	-0.002	-0.533	-0.008	-0.665	-0.001	-0.345	-0.001	-0.567
教龄	0.001	0.334	0.014	0.975	0.019	1.868	0.013	1.152	-0.001	-0.252
在职年限	0.003	1.578	0.001	0.486	0.002	0.309	-0.014	-3.228**	0.013	3.126**
CGO	0.517	32.767***	0.153	6.735***	0.438	9.970***	0.742	36.607***	0.264	12.706***
GSE									-0.033	-1.372
KSSE									0.044	3.781***
POS									0.313	15.027***
R^2	0.460		0.044		0.092		0.524		0.552	
F	278.193***		13.728***		33.188***		349.178***		218.001***	

注：**代表 $p<0.01$，***代表 $p<0.001$；CGO = 职业成长机会，GSE = 一般自我效能感，KSSE = 知识共享效能感，POS = 组织支持感，KS = 知识共享。

信区间为［0.174，0.293］。此外，知识共享效能感的中介作用要显著小于组织支持感的中介作用，其效应值的差异为 0.206（$SE = 0.032$），95%的置信区间为［0.146，0.275］。具体来看，职业成长机会对知识共享的直接效应值为 0.262（$SE = 0.021$，$t = 12.714$，$p < 0.001$），95%的置信区间为［0.222，0.303］；间接效应值（模型的总中介效应）为 0.244（$SE = 0.027$），95%的置信区间为［0.200，0.303］。其中，模型的总中介效应（间接效应）占总效应的48.00%。

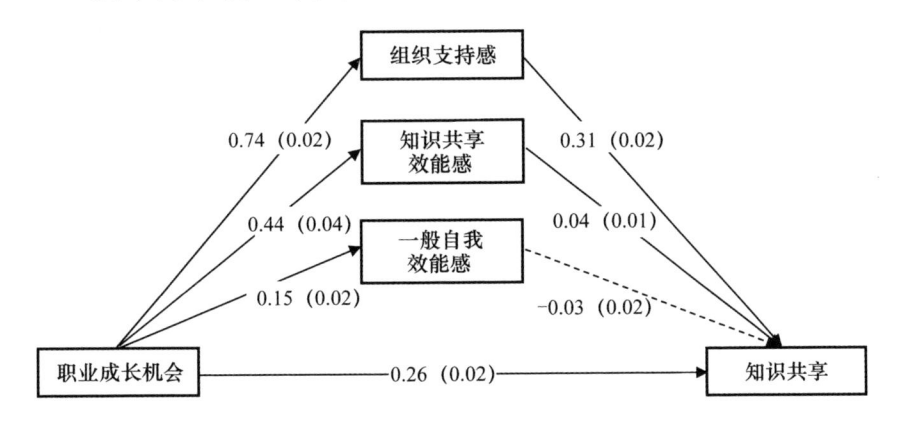

图 7-1　多重中介模型路径图

注：括号内数值为路径系数的标准误。

四　讨论与总结

（一）结果讨论

本章研究发现，职业成长机会对中小学教师知识共享具有显著正向影响。组织通过向员工提供职业成长机会来表达对其认可与支持，增强了个人与组织间的关系融合，使个体形成更多基于组织的义务感和回馈意愿，进而较少考虑个人损益而表现出更多有利于组织发展的知识共享行为。[1] 相关实证研究表明，获得较多职业成长机会的教师，

---

[1] Edwards, M. R., "HR, Perceived Organizational Support and Organizational Identification: An Analysis after Organizational Formation", *Human Resource Management Journal*, Vol. 19, No. 1, 2009.

在知识更新和专业技能提升上都有较好的表现，同时出于对学校支持的回报，也会向同事积极分享知识。[1]

本章研究发现，中小学教师知识共享效能感在其职业成长机会与知识共享关系中具有部分中介作用，说明职业成长机会在直接影响知识共享的同时，还通过知识共享效能感进一步影响中小学教师的知识共享。职业成长机会的获得，反映了组织对个体既有绩效的认可，并利于其后续职业生涯的可持续提升，这将显著增强个体的效能感体验。[2] 与此同时，效能感作为个体对行为控制的认知评价，对其行为意愿和实施表现具有良好的预测作用。[3] 特别是知识共享效能感的提升，使教师对其知识共享有效性及能力的积极判断得到进一步确认，[4] 极大地激发了其合作交流的意愿和知识共享的内在动机。[5]

本章研究发现，中小学教师组织支持感在其职业成长机会与知识共享关系中具有部分中介作用，说明职业成长机会在直接影响知识共享的同时，还通过组织支持感进一步影响中小学教师的知识共享。一方面，当教师在专业知识培训、业务技能提升、评职评优推荐等职业发展领域获得较多机会的时候，其不仅得到来自组织的认可，更感受到组织对其个人发展的支持。基于此，为回报组织信任与支持，教师可能会表现出更多有利于学校发展和利益的行为。[6] 另一方面，有鉴

---

[1] Runhaar, P. and Sanders, K., "Promoting Teachers' Knowledge Sharing: The Fostering Roles of Occupational Self-Efficacy and Human Resources Management", *Educational Management Administration & Leadership*, Vol. 44, No. 5, 2016.

[2] Tawadros, T., "Developing the Theater of Leadership: An Exploration of Practice and the Need for Research", *Advances in Developing Human Resources*, Vol. 17, No. 3, 2015.

[3] Ajzen, I., "Perceived Behavioral Control, Self-Efficacy, Locus of Control, and the Theory of Planned Behavior", *Journal of Applied Social Psychology*, Vol. 32, No. 4, 2002.

[4] Lin, H., "Effects of Extrinsic and Intrinsic Motivation on Employee Knowledge Sharing Intentions", *Journal of Information Science*, Vol. 33, No. 2, 2007.

[5] Cabrera, Á. and Cabrera, E. F., "Knowledge-Sharing Dilemmas", *Organization Studies*, Vol. 23, No. 5, 2002.

[6] Edwards, M. R., "HR, Perceived Organizational Support and Organizational Identification: An Analysis after Organizational Formation", *Human Resource Management Journal*, Vol. 19, No. 1, 2009.

于知识对于教师及学校发展的重要性，知识共享可能使教师面临在学校内部失去竞争优势的风险，从而使知识共享的发生受阻。根据资源保存理论，组织支持作为个体除内在心理资源之外的又一资源保障，对其有效平衡因知识共享而出现的个人损益，进而推动知识共享完成具有重要意义。[①]

（二）实践启示

本章研究发现对中小学校管理实践具有如下启示。第一，职业成长机会有利于促进中小学教师的知识共享。在实际工作中，学校应创设条件为教师职业成长提供更多的学习培训、交流晋升、评职评优等机会，以提升其知识共享的意愿与行为表现。第二，职业成长机会能够增强教师的知识共享效能感，进而影响到其知识共享。为此，学校应提高普通教师对知识共享促进个体和学校发展的认识水平，鼓励和形成学校内部教师之间合作学习、互助交流、积极分享专业知识技能的氛围，通过提升教师对自身知识共享重要性与能力的评价，进而强化知识共享效能感在职业成长机会与知识共享之间的纽带作用。第三，职业成长机会同时通过组织支持感来正向影响知识共享。因此，应从学校层面增强对教师个人的关注与支持，不断提升教师被组织认可、鼓励的自我存在感知，摆脱对个人损益的过分强调，从而表现出更多的知识共享行为。

（三）总结与展望

本章研究也存在一些不足，需在今后的研究中加以改进。首先，本章研究数据收集主要是通过被试主观作答获得，可能会存在偏差，

---

① Valentine, S., Greller, M. M. and Richtermeyer, S. B., "Employee Job Response as a Function of Ethical Context and Perceived Organization Support", *Journal of Business Research*, Vol. 59, No. 5, 2006.

如社会赞许、同源偏差等。未来对变量的测量可采用多种来源方式操作，以保证和提升数据的质量。其次，本章研究对多重中介模型的检验，仍旧是在横截面研究设计背景下进行的。未来研究可考虑通过分时段数据收集或实验设计等方式，对本章研究结论做进一步的检验和确认。最后，本章研究对中小学教师职业发展机会对知识共享影响机制的研究，仅考虑了相关的中介变量，而对调节该影响关系的条件变量并未涉及。未来研究可纳入相关调节变量（如组织公平、领导成员关系、组织认同等），以考察职业成长机会与知识共享直接和间接影响关系的发生条件。

第八章

中小学教师知识共享与专业发展能动性

一 引言

教育是民生之本,而教师则是教育发展的基础。《中华人民共和国国民经济和社会发展第十四个五年规划和2035年远景目标纲要》中提出,要推进基本教育均等化,进一步深化教育改革,建设高素质专业化教师队伍。教师队伍建设的成功与否,在很大程度上取决于教师的学习力、教学力与领导力等多种因素共同组成的一种"能动的状态",[①] 即教师专业发展能动性的发挥。所谓教师专业发展能动性,是指在专业发展实践过程中,教师个体积极主动地为改变自身的专业发展境遇及其所处的专业发展环境做出选择,并朝着选择的方向施加影响的个人品质。[②] 教师专业发展能动性不仅对教师自身专业发展水平具有积极作用,还会通过自身的带动作用促进组织内整体教学质量的提高,对新时代我国教师队伍建设具有重要意义。通过对现有的文献回顾发现,目前有关教师专业发展能动性的研究主要集中于理论与实

[①] Billett, S., "Learning through Work: Exploring Instances of Relational Interdependencies", *International Journal of Educational Research*, Vol. 47, No. 4, 2008.

[②] 张娜:《教师专业发展能动性量表的研制》,《心理研究》2012年第3期。

践两个层面：在理论层面上，主要探究教师专业发展能动性的内涵及对教师专业发展能动性的测量；① 在实践层面上，研究者则分别从技术操作、建构发展等角度探究教师专业发展能动性的实现机制。② 但目前国内有关教师专业发展能动性的研究仍处于起步阶段，对其影响因素的作用机制仍相对缺乏。特别是基于教师间的交互行为所进行的有关教师专业发展能动性的研究，存在明显不足。为此，本章研究以社会认知理论为基础，拟对教师专业发展能动性的影响机制做进一步探究尝试。

随着近年来知识更新的速度加快，以往单一的教师培训方式难以应对教学质量不断发展的需要，教师间的知识共享因其在传递知识、促进教学实践等方面发挥着越来越重要的作用，被广泛应用在教学过程中。教师知识共享不仅仅是教师的个体行为，更是教师及相关共同体知识构建与更新的重要方法；教师知识共享在促进教师个体专业发展的同时，也成了形成教师文化的重要途径和动力。③ 根据社会资本理论，教师基于组织规范实施知识共享行为后，会激发关系网络中其他主体进行合作的意愿，④ 促进关系网络中信任的产生。在知识共享过程中产生的利他主义行为，会使教师感受到更多的组织支持，⑤ 表现出积极的心理状态，并采取一系列有利于组织的行动以回馈组织的支持。目前已有研究证实，教师间的知识共

---

① 张娜：《教师专业发展能动性量表的研制》，《心理研究》2012 年第 3 期；桑国元、叶碧欣、黄嘉莉：《教师能动性：内涵、维度与测量》，《中国教育政策评论》2019 年辑刊；张娜、申继亮：《教师专业发展：能动性的视角》，《教育理论与实践》2012 年第 19 期。

② 石艳：《教师知识共享过程中的信任与社会互动》，《教育研究》2016 年第 8 期；Keiny, S., "Constructivism and Teachers Professional-Development", *Teaching and Teacher Education*, Vol. 10, No. 2, 1994.

③ 石艳：《教师知识共享过程中的信任与社会互动》，《教育研究》2016 年第 8 期。

④ 柯江林、郑晓涛、石金涛：《团队社会资本量表的开发及信效度检验》，《当代财经》2006 年第 12 期。

⑤ 郑建君、付晓洁：《利他动机对中小学教师知识共享的影响——组织认同和组织支持感的调节作用》，《心理发展与教育》2019 年第 4 期。

享有助于其社会关系的发展，能够显著提高他们分享教学资源和解决其他成员问题的意愿。① 那么，知识共享是否会促进教师专业发展能动性的提高，知识共享又是通过何种机制来影响教师的专业发展能动性，对此现有研究鲜有涉及。基于此，本章研究将进一步探究知识共享对教师专业发展能动性的影响机制。

除知识共享外，同事信任是探究教师专业发展能动性的另一视角。信任是一种心理状态，是一方愿意为另一方的行为承担风险且不担心被利用的状态。② 有研究表明，同事信任对团队中成员互动具有显著的正向影响，③ 并能够有效提高组织内部成员的创新能力。④ 正是基于同事信任，教师主体间愿意互相沟通交流，进而促进教师个体的学习。基于此，本章研究将试图检验同事信任在知识共享与教师专业发展能动性之间的中介作用。除了受到同事间信任关系的影响之外，教师专业发展能动性还会受到一系列组织因素的作用。但现有研究大多强调教师个体特质对教师专业发展能动性的影响，较少涉及组织层面。而有关组织管理的研究发现，一方面组织支持感对个体的工作态度具有显著正向影响，另一方面当个体感受到强有力的组织支持时，还会展现出更多的组织公民行为。⑤ 因此，迁移到教育实践情境中，本章研究引入组织支持感作为知识共享与教师专业发展能动性之间的中介变量，尝试增进有关知识共享与教师专业发展能动性内在关系的认识。

综上所述，本章结合社会认知理论，研究"知识共享对教师专业

---

① Tseng, F. and Kuo, F., "A Study of Social Participation and Knowledge Sharing in the Teachers' Online Professional Community of Practice", *Computers & Education*, Vol. 72, No. 3, 2014.

② Mayer, R. C., Davis, J. H. and Schoorman, F. D., "An Integrative Model of Organizational Trust", *Academy of Management Review*, Vol. 20, No. 3, 1995.

③ 王娟茹、杨瑾:《信任、团队互动与知识共享行为的关系研究》,《科学学与科学技术管理》2012年第10期。

④ Kulangara, N. P., Jackson, S. A. and Prater, E., "Examining the Impact of Socialization and Information Sharing and the Mediating Effect of Trust on Innovation Capability", *International Journal of Operations & Production Management*, Vol. 36, No. 11, 2016.

⑤ 凌文辁、杨海军、方俐洛:《企业员工的组织支持感》,《心理学报》2006年第2期。

发展能动性的作用机制"这一核心问题，建立多重链式中介模型，对教师专业发展能动性的前因进行拓展分析。

二 文献综述与研究假设

(一) 知识共享与教师专业发展能动性

知识共享是个体将其所拥有的（内隐或外显）知识，通过恰当的方式有选择的传递给他人，实现个体间知识的交流，从而提升组织的知识累积与绩效。① 作为知识管理的重要环节，知识共享已被广泛应用于企业管理、大众传媒、在线社区等众多领域。从现有的研究来看，一方面，组织环境、人际关系、团队特征、文化特征、个人特征和动机因素等，均对知识共享的发生及表现具有影响作用。② 另一方面，知识共享对组织内部的人力资源管理、组织学习、客户关系、创造力等方面也显现出积极影响。③ 同样，作为学校知识管理和教师专业能力发展的一种有效手段，教师知识共享是指知识传播者的教师与知识重建者借助知识传播的媒介或人群间的直接互动推动彼此间知识的流通、转移、交流、沟通、协商的过程。④ 教师知识共享是帮助教

---

① 杨玉浩、龙君伟：《企业员工知识分享行为的结构与测量》，《心理学报》2008 年第 3 期。

② 董方超、高虹、丁婷：《创新团队公平感知与知识共享行为关系研究——以成员信任为中介变量》，《河北工业科技》2016 年第 3 期；高冬东、乔红晓、李晓玉、高昂：《诚信领导对教师知识分享的影响：有调节的中介效应》，《中国临床心理学杂志》2014 年第 5 期；Shen, J., Tang, N. and D'Netto, B., "A Multilevel Analysis of the Effects of HR Diversity Management on Employee Knowledge Sharing: The Case of Chinese Employees", *International Journal of Human Resource Management*, Vol. 25, No. 12, 2014; Siemsen, E., Roth, A. V. and Balasubramanian, S., "How Motivation, Opportunity, and Ability Drive Knowledge Sharing: The Constraining-Factor Model", *Journal of Operations Management*, Vol. 26, No. 3, 2008.

③ Anand, A., Muskat, B., Creed, A., Zutshi, A. and Csepregi, A., "Knowledge Sharing, Knowledge Transfer and SMEs: Evolution, Antecedents, Outcomes and Directions", *Personnel Review*, Vol. 50, No. 9, 2021.

④ 邓志伟：《知识分享与教师专业发展》，《教育科学》2006 年第 4 期。

师快速理解和掌握知识的重要路径,它不仅有助于教师提高自身专业知识,还可以为其他同事的专业发展做出贡献。[1]

教师专业发展能动性是指教师在面对自身职业发展时积极制定目标,并能够发挥自身内在潜能、借用外部资源以提升专业发展水平的个人品质。[2] 教师专业发展能动性具体表现在教师的专业发展意识、专业发展行为和专业发展的精神状态三个方面。[3] 已有研究表明,教师在长期压力下易出现职业倦怠,[4] 而教师专业发展能动性可以使教师积极主动地参与教学活动、承担教学责任,并对教师的职业生涯产生持续影响。

根据社会认知理论,自我效能感体现了人们是否能够运用所拥有的技能去完成某项工作的自信程度,[5] 它影响人们动机性努力的程度及后续的行为选择。已有研究表明,教育工作提供的发展条件,即目前的教学工作是否有利于自身发展和价值实现,对教师的自我效能感具有显著影响。[6] 在进行知识共享时,其以协作为特征的学习研究过程,为教师提供了创造共享知识、价值观和信念的机会。[7] 在上述过程中,教师得以深化自身对职业认知和教育技能运用的理解,并获得有关职业发展、教学经验等相关知识,形成关于能够影响学生学习行为的积极信念,从

---

[1] Runhaar, P. and Sanders, K., "Promoting Teachers' Knowledge Sharing. The Fostering Roles of Occupational Self-Efficacy and Human Resources Management", *Educational Management Administration & Leadership*, Vol. 44, No. 5, 2016.

[2] 张娜:《教师专业发展能动性量表的研制》,《心理研究》2012年第3期。

[3] 张娜、申继亮:《教师专业发展:能动性的视角》,《教育理论与实践》2012年第19期。

[4] 赵玉芳、毕重增:《中学教师职业倦怠状况及影响因素的研究》,《心理发展与教育》2003年第1期。

[5] Bandura, A., "Self-Efficacy-Toward a Unifying Theory of Behavioral Change", *Psychological Review*, Vol. 84, No. 2, 1977.

[6] 辛涛、申继亮、林崇德:《教师自我效能感与学校因素关系的研究》,《教育研究》1994年第10期。

[7] Keung, C. C., "Cultivating Communities of Practice Via Learning Study for Enhancing Teacher Learning", *KEDI Journal of Educational Policy*, Vol. 6, No. 1, 2009.

而提高教师的自我效能感，激发其对专业学习的信心，进而在积极主动地提升自身专业素质的同时，使其专业发展能动性得到增强。

因此，提出本章研究的假设 H_1：中小学生教师专业知识共享对专业发展能动性有显著的正向影响。

（二）同事信任的中介作用

同事信任是指员工对于其他同事的信任程度，包括相信同事的工作能力、言行一致程度、面临工作困难时是否能得到同事的帮助，以及同事间公平相待的程度。[1] 同事信任可减少员工出于自身利益的考量而进行的自我保护和防御性行为，能够将注意力集中在产生价值的生产性活动上，有助于及时发现工作中存在的潜在问题，提出并有效执行新的解决方法。[2] 在中小学教学过程中，教师的专业化成长有赖于同他人合作来分享知识、智慧与资源。一旦教师间建立起良好的信任，教师就能够在与同事的交互过程中体会到工作的乐趣和个人进步带来的成就感，进而提高发展自身专业能力的主动性。

按照社会资本理论的观点，社会资本可以将一系列资源嵌入在社会关系中，由此形成的社会联结又会影响人类行为，[3] 促进组织内成员进行资源交换，而信任是这一过程的核心要素。从类型来看，信任可分为一般信任和特殊信任。其中，一般信任源自群体或社区整体的规范与期望，而基于共同经历的人际信任则属于特殊信任。[4] 在社会资本建立初期，教师间资源获取的过程更多地表现为开拓新关系、建立组织内人与人之间的联结，并在不断试探性接触

---

[1] 王娟茹、杨瑾：《信任、团队互动与知识共享行为的关系研究》，《科学学与科学技术管理》2012 年第 10 期。
[2] 黄勇、彭纪生：《组织内信任对员工负责行为的影响——角色宽度自我效能感的中介作用》，《软科学》2015 年第 1 期。
[3] 石艳：《教师知识共享过程中的信任与社会互动》，《教育研究》2016 年第 8 期。
[4] 柯江林、郑晓涛、石金涛：《团队社会资本量表的开发及信效度检验》，《当代财经》2006 年第 12 期。

中使这种联结逐步加深了解与认识，最终使资源交换得以进行。[1] 随着知识共享的程度不断加深，教师间信息交流不断增加，团队间的成员有更多的资源交换机会。[2] 另外，组织的社会互动环境也会强化知识共享与同事信任之间的正向联系。[3] 正是基于同事信任，教师能够彼此帮助且相互持有更加包容和开放的心态，[4] 形成相互依赖、合作成长的共同体，进而有效促进组织内教师的交流和学习，[5] 提高其专业发展能动性。

由此，提出本章研究的假设 H_2：同事信任在中小学生教师专业知识共享与专业发展能动性之间起中介作用。

（三）组织支持感的中介作用

组织支持感指员工对组织如何看待他们的贡献并关心他们的利益的一种知觉和看法。[6] 对于来自组织的支持与关心，个体会形成强烈的义务感和回报意愿，促使其更加关心组织利益并做出更多利组织行为。[7] 组织支持感不仅有助于增加个体对组织的情感承诺，同时还能够减少组织成员的离职倾向。[8] 具体在教育领域，组织支持感有利于满

---

[1] 姚小涛、席酉民：《社会网络理论及其在企业研究中的应用》，《西安交通大学学报》（社会科学版）2003 年第 3 期。

[2] 柯江林、孙健敏、石金涛、顾琴轩：《企业 R&D 团队之社会资本与团队效能关系的实证研究——以知识分享与知识整合为中介变量》，《管理世界》2007 年第 3 期。

[3] Wu, W., Lin, C., Hsu, B. and Yeh, R., "Interpersonal Trust and Knowledge Sharing: Moderating Effects of Individual Altruism and a Social Interaction Environment", *Social Behavior and Personality*, Vol. 37, No. 1, 2009.

[4] 石艳：《教师知识共享过程中的信任与社会互动》，《教育研究》2016 年第 8 期。

[5] Kim, E. and Park, S., "Employees' Perceptions of Organizational Learning: The Role of Knowledge and Trust", *Kybernetes*, Vol. 50, No. 5, 2021.

[6] Eisenberger, R., Huntington, R., Hutchison, S., and Sowa, D., "Perceived Organizational Support", *Journal of Applied Psychology*, Vol. 71, No. 3, 1986.

[7] Bowler, W. M. and Brass, D. J., "Relational Correlates of Interpersonal Citizenship Behavior: A Social Network Perspective", *Journal of Applied Psychology*, Vol. 91, No. 1, 2006.

[8] Rhoades, L., Eisenberger, R. and Armeli, S., "Affective Commitment to the Organization: The Contribution of Perceived Organizational Support", *Journal of Applied Psychology*, Vol. 86, No. 5, 2001.

足教师的情感需求、增强教师的绩效，从而使其获得更好的教学表现。①

社会资本理论认为，个体通过社会网络关系获取资源以促进自身及组织发展。②随着社会资本的不断累积、扩大，组织内部会形成一定的社会网络，并据此进一步促进成员间的合作以及资源的获取。而个体对于组织支持的感知状况，不仅取决于组织的"实际付出"，还有赖于组织与成员个体以及成员间的"交互质量"，前者是指由组织提供、个体获得的组织支持，后者是指个体心理上认同的组织支持。③随着知识共享行为的持续发生，教师所表现出的利他行为会使其同事感受到一种工作上的支持，即个体之间的"交互质量"会提高，这不仅满足了个体成长的需要，还使其感知到被组织尊重和认可，进而感知到更强的组织支持。与此对应，当教师感受到强有力的组织支持时，他们的积极工作态度与行为显著增加，工作更加投入，工作表现和绩效也更优。④同时，较高的组织支持感，还有利于减轻员工因持续情绪劳动而产生的工作倦怠，⑤从而采取一系列有利于组织的行动以回馈组织的支持，例如在工作中表现出更多的主动性行为和更高的专业发展能动性。

因此，提出本章研究的假设 H_3：组织支持感在中小学生教师专业知识共享与专业发展能动性之间起中介作用。

---

① 毕妍、蔡永红、蔡劲：《薪酬满意度、组织支持感和教师绩效的关系研究》，《教育学报》2016 年第 2 期。

② Bourdieu, P., "The Social Space and the Genesis of Groups", *Theory and Society*, Vol. 14, No. 6, 1985.

③ 刘智强、邓传军、廖建桥、龙立荣：《组织支持、地位认知与员工创新：雇佣多样性视角》，《管理科学学报》2015 年第 10 期。

④ 王文增、魏忠凤：《工作旺盛感对中小学教师专业发展的影响：有调节的中介模型》，《中国临床心理学杂志》2021 年第 3 期。

⑤ Prysmakova, P. and Lallatin, N., "Perceived Organizational Support in Public and Nonprofit Organizations: Systematic Review and Directions for Future Research", *International Review of Administrative Sciences*, 2021, https://doi.org/10.1177/00208523211033822.

（四）同事信任与组织支持感的多重中介作用

根据社会认知理论，人的行为、认知等主体因素以及环境三者之间构成动态的交互决定关系。① 环境、个体自我认知、行为三者之间交互影响，共同决定着个体的心理活动和行为表现。在个体的自我认知中，自我效能感发挥重要作用，具有较高自我效能感的个体，会有意识地选择某些特定的活动和环境，并对所处的环境加以改造。② 研究表明，组织内成员间的相互信任和尊重有助于个体的创造性和自我效能感的增加，且自我效能感会随着时间的推移不断促进个体新思想的产生、传播和实施。③ 随着教师知识共享的不断深入，彼此的信任关系逐渐加深和优化，并促使其自我效能感不断增强，而教师自我效能感会显著影响到他们的具体行为系统，如对教育目标、组织环境和自身教育行为的选择与反应。④ 那些具有高自我效能感的教师，对完成某一任务的信念更加坚定，并在同事信任的作用下会积极调动组织氛围，使其他教师感知到更多的组织支持。可见，良好的同事信任氛围，有助于营造积极、合作的组织环境，使得组织内成员体验到较强的组织支持感。

另一方面，人的认知等主体因素及其行为在交互决定模式中起重要作用，可根据不断变化的环境调节自身行为，以获得预期结果，避

---

① Bandura, A., *Social Foundation of Thought and Action: A Social Cognitive Theory*, New York: Prentice Hall, 1986.

② Wood, R. and Bandura, A., "Social Cognitive Theory of Organizational Management", *The Academy of Management Review*, Vol. 14, No. 3, 1989.

③ Ng, T. W. H. and Lucianetti, L., "Within-Individual Increases in Innovative Behavior and Creative, Persuasion, and Change Self-Efficacy Over Time: A Social-Cognitive Theory Perspective", *Journal of Applied Psychology*, Vol. 101, No. 1, 2016.

④ 庞丽娟、洪秀敏：《教师自我效能感：教师自主发展的重要内在动力机制》，《教师教育研究》2005年第4期。

免不利结果或避免厌恶的情绪体验。[①] 已有研究表明,同事信任有助于促进组织成员产生更多的利他行为,[②] 同时,信任对成员之间的非正式沟通、不同团队间成员的互动等,均具有显著正向影响。[③] 随着教师间知识共享不断加深,同事之间的信任水平以及有效沟通程度会不断提升、增进,教师会表现出更多的利他行为。基于个体行为与环境的交互作用,教师的利他行为会带动组织氛围与环境的融洽化,教师会积极与他人分享经验,并激发彼此的专业发展能动性。可见,基于同事信任所带来的组织内个体成员的有效互动数量上升、互动质量提高,会使教师进一步感知到来自组织的支持,进而持续强化其专业发展能动性。

基于以上分析,提出本章研究的假设 H_4:在知识共享与教师专业发展能动性的关系中,同事信任与组织支持感呈现链式多重中介效应。

本章的整体假设模型如图 8-1 所示。

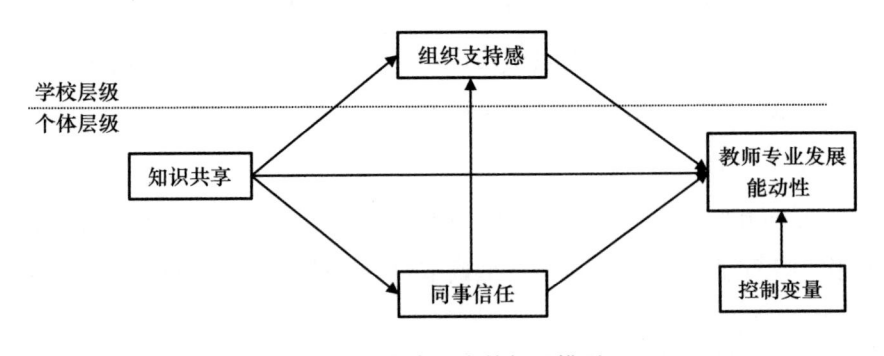

图 8-1　本章研究的假设模型

[①] Bandura, A., "The Self System in Reciprocal Determinism", *American Psychologist*, Vol. 33, No. 4, 1978.

[②] Choi, J. N., "Multilevel and Cross-Level Effects of Workplace Attitudes and Group Member Relations on Interpersonal Helping Behavior", *Human Performance*, Vol. 19, No. 4, 2006.

[③] 王娟茹、杨瑾:《信任、团队互动与知识共享行为的关系研究》,《科学学与科学技术管理》2012 年第 10 期。

第八章　中小学教师知识共享与专业发展能动性　133

三　研究方法与过程

(一) 样本情况

本章研究从教育部校长培训数据库系统通过随机抽取的方式，共邀请到参与调查的学校46所，并对学校中在岗在编从事实际教学工作的教师进行问卷发放。其中，以单个学校调查人数不少于其全部教学岗教师总数的80%为标准，最终纳入本章研究分析的数据分布在24个省份（自治区、直辖市），包括有33所中小学校的2982名教师（单个学校平均受访教师90人）。具体来看，2982名教师的平均年龄、教龄和在校工作校龄分别为38.40岁（标准差9.70）、15.72年（标准差10.71）和11.77年（标准差9.08）；"本人专业与所教科目"一致的教师2540人（85.18%），不一致的教师442人（14.82%）；男性和女性教师的人数分别为764人（25.62%）和2218人（74.38%）；汉族和少数民族的教师数分别为2602人（87.26%）和380人（12.74%）；在学历方面，"高中/中专/技校"18人（0.60%），"大学专科"82人（2.75%），"大学本科"2256人（75.65%），"硕士研究生及以上"626人（20.99%）；在政治面貌类型上，中共党员和共青团员的教师数量分别是1268人（42.52%）、343人（11.50%），群众或其他1371人（45.98%）；在个人收入上，月均工资"3000元及以下"215人（7.21%），"3001—5000元"833人（27.93%），"5001—8000元"896人（30.05%），"8001—10000元"761人（25.52%），"10000元以上"277人（9.29%）；在学段分布上，小学教师1011人（33.90%），初中教师609人（20.42%），高中教师1362人（45.67%）；在任教学科方面，"语数外"1525人（51.14%），"理化生"440人（14.76%），"政史地"383人（12.84%），"音体美劳及其他"634人（21.26%）。

(二) 数据收集

1. 知识共享

采用郑建君等人对中小学教师知识共享测量的修订工具,[①] 该问卷共包括知识共享意愿和行为两个维度、11 道题目;问卷使用 5 点计分,从 1 到 5 分别表示从"非常不同意"到"非常同意",所有题目加总取均值来代表个体在知识共享上的表现水平。在本批次数据下,其知识共享意愿和行为的内部一致性信度系数分别为 0.95、0.94,问卷总体的信度系数为 0.97;结构效度的复核检验结果显示:$\chi^2 = 1923.73$,$df = 42$,$CFI = 0.95$,$TLI = 0.94$,$RMSEA = 0.123$,$SRMR = 0.027$,各题目的载荷值分布在 0.67—0.93 之间。

2. 同事信任

采用柯江林等人编制的同事信任问卷,[②] 该问卷由一个维度、4 道题目构成,问卷使用 5 点计分,从 1 到 5 分别代表从"非常不同意"到"非常同意",信任评价通过将所有题目得分加总取均值完成,得分越高表明同事间的信任水平越高。利用本批次数据计算该问卷的信度系数,其内部一致性信度系数达到 0.95。

3. 组织支持感

采用刘智强等人发展的组织支持感问卷,[③] 该问卷由一个维度、6 道题目构成,使用 5 点计分,从 1 到 5 分别表示从"非常不同意"到"非常同意",并将所有题目得分加总取均值来代表个体所感知到的组织支持水平。在信度指标上,使用本批次数据计算,该问卷信度为 0.97。

[①] 郑建君、付晓洁:《中小学教师职业成长机会与知识共享的关系》,《教育研究》2018 年第 7 期。

[②] 柯江林、郑晓涛、石金涛:《团队社会资本量表的开发及信效度检验》,《当代财经》2006 年第 12 期。

[③] 刘智强、邓传军、廖建桥、龙立荣:《组织支持、地位认知与员工创新:雇佣多样性视角》,《管理科学学报》2015 年第 10 期。

4. 教师专业发展能动性

采用张娜开发的教师专业发展能动性量表（简版），[①] 该量表共计13道题目，包含有个人能动性（7道题目）和环境能动性（6道题目）两个维度。在具体测量中，使用7点计分，从1到7分别代表从"完全做不到"到"完全能做到"，最终各维度及总体得分采用对应题目得分加总取均值计算。利用本批次数据计算信度，个人能动性和环境能动性两个维度信度系数分别为0.93、0.95，量表的整体信度系数达到0.96；结构效度的复核检验结果显示：$\chi^2 = 2283.33$，$df = 64$，CFI = 0.94，TLI = 0.93，RMSEA = 0.108，SRMR = 0.040，各题目的载荷在0.62—0.92之间。

（三）统计分析策略

基于本章研究关注变量的假设关系，构建了"1 - （1 - 2）- 1"结构的跨层级多重中介模型。其中，属于个体层级的变量有预测变量"知识共享"、结果变量"教师专业发展能动性"和第一阶段的中介变量"同事信任"，而属于学校层级的变量是第二阶段的中介变量"组织支持感"。在数据处理过程中，首先，通过将受访教师对于组织支持感的评价数据进行聚合操作，形成学校层级变量，相关的聚合有效性检验结果显示：Rwg 为 0.90（大于 0.7）、$ICC_{(1)}$ 为 0.26（大于 0.05）、$ICC_{(2)}$ 为 0.96（大于 0.5）。据此可以判定，将组织支持感数据从个体层级聚合到学校层级，其适用性符合相关测量学要求规定。随后，采用多水平结构方程模型（MSEM）和贝叶斯置信区间估计对由 level 1 中介变量（第一阶段）和 level 2 中介变量（第二阶段）构成的跨层级多重中介模型进行检验。同时，对个体层级预测变量、中介变量和学校层级的中介变量，进行总均值中心化（Grand-mean Centered）处理。

[①] 张娜：《教师专业发展能动性量表的研制》，《心理研究》2012年第3期。

四　结果与分析

（一）验证性因素分析

对于本章研究所关注的四个核心变量的区分效度，在个体层面对数据进行检验，通过验证性因素分析发现：知识共享、同事信任、组织支持感和教师专业发展能动性四个构念分属于不同的变量，具体结果见表8-1。在基准模型的基础上，本章研究构建了四个备选竞争模型，模型A将知识共享和同事信任合并为一个因素，模型B将知识共享与组织支持感合并为一个因素，模型C将同事信任和组织支持感合并为一个因素，模型D将知识共享、同事信任和组织支持感合并为一个因素。相较而言，四因素基准模型所呈现的变量关系结构，具有较好的区分效度，各项拟合指标的效果最佳。

表8-1　　　　　　　验证性因素分析结果

	χ^2	df	CFI	TLI	RMSEA	SRMR	$\Delta\chi^2$ (Δdf)
基准模型：KS；CT；POS；TPDA	574.87	38	0.99	0.98	0.069	0.020	
模型A：KS+CT；POS；TPDA	3870.38	41	0.90	0.87	0.177	0.073	3295.51*** (3)
模型B：KS+POS；CT；TPDA	4551.13	41	0.88	0.84	0.192	0.103	3976.26*** (3)
模型C：KS；CT+POS；TPDA	6557.87	41	0.83	0.77	0.231	0.049	5983.00*** (3)
模型D：KS+CT+POS；TPDA	9782.24	43	0.74	0.67	0.276	0.084	9207.37*** (5)

注：KS代表"知识共享"，CT代表"同事信任"，POS代表"组织支持感"，TPDA代表"教师专业发展能动性"；＊＊＊代表$p<0.001$。

(二) 共同方法偏差检验

本章研究采用两种统计操作方式,对共同方法偏差的程度水平及其对假设结果潜在的干扰影响进行检验。一是将34道题目汇聚在一个因子上,验证性因素分析结果显示:单因子模型的拟合结果欠佳,$\chi^2 = 12232.98$,$df = 44$,CFI = 0.68,TLI = 0.60,RMSEA = 0.305,SRMR = 0.097。二是在基准模型的基础上,同时将所有题目汇聚在一个潜在的共同方法因子上,形成一个五因素模型,该模型的拟合结果并未较基准模型获得显著提升,$\chi^2 = 2115.92$,$df = 32$,CFI = 0.95,TLI = 0.91,RMSEA = 0.148,SRMR = 0.931。据此认为,在本章研究中共同方法偏差问题并不严重,可以进行后续的假设模型检验。

(三) 描述统计与相关分析

本章研究所关注变量的均值、标准差及相关分析结果,详见表8-2。其中,知识共享、同事信任、组织支持感和教师专业发展能动性四个变量之间,表现出显著的正相关。同时,性别、校龄、所教年级、月均收入等人口学变量指标,与所关注变量之间存在有一定的显著相关关系,后续模型检验时将对这些指标予以控制。此外,四个变量的平均变异萃取量(AVE)指标值在0.70—0.87之间,远高于基准取值0.5和各变量的相关系数平方值。

(四) 知识共享对教师专业发展能动性的影响机制:基于多水平的多重中介检验

运用多水平结构方程模型对跨层级的多重中介模型进行检验,将性别、校龄、年级及月均收入等人口学指标作为控制变量纳入模型,结果显示(见表8-3)如下。第一,在个体层级上,知识共享($\gamma = 0.546$,$p < 0.001$)和同事信任($\gamma = 0.499$,$p < 0.001$)对教师专业

表8-2 关注变量的描述统计结果与相关矩阵

	1	2	3	4	5	6	7	8	9	10	11
1	1.00										
2	-0.17**	1.00									
3	-0.12**	0.78**	1.00								
4	0.07**	-0.23**	-0.19**	1.00							
5	-0.20**	0.04*	0.13**	0.19**	1.00						
6	0.00	0.33**	0.22**	-0.12**	-0.49**	1.00					
7	-0.14**	0.97**	0.79**	-0.27**	0.00	0.36**	1.00				
8	0.11**	-0.04*	-0.06**	-0.01	-0.18**	0.13**	-0.03	(0.76)			
9	0.07**	-0.09**	-0.10**	0.00	-0.24**	0.16**	-0.07**	0.58**	(0.87)		
10	0.05**	-0.12**	-0.12**	-0.01	-0.22**	0.14**	-0.10**	0.50**	0.77**	(0.86)	
11	0.08**	-0.02	-0.05*	-0.01	-0.22**	0.14**	-0.01	0.56**	0.58**	0.56**	(0.70)
M	1.74	38.40	11.77	3.17	7.77	3.02	15.72	4.31	4.02	3.72	5.64
SD	0.44	9.70	9.08	0.48	3.57	1.09	10.71	0.59	0.74	0.86	0.99

注：* 表示在0.05水平（双尾）相关显著，** 表示在0.01水平（双尾）相关显著；表格中行和列的数字符号分别表示：1=性别，2=年龄，3=校龄，4=学历，5=所教年级，6=月均收入，7=教龄，8=知识共享，9=同事信任，10=组织支持感，11=教师专业发展能动性。

发展能动性具有显著的正向预测作用,且知识共享对同事信任具有显著的正向预测作用($\gamma = 0.679$, $p < 0.001$)。第二,在跨层级上,组织支持感对教师专业发展能动性具有显著的正向预测作用($\gamma = 0.825$, $p < 0.001$),知识共享($\gamma = 0.660$, $p < 0.05$)和同事信任($\gamma = 1.049$, $p < 0.001$)对教师专业发展能动性均表现出显著的正向预测作用。第三,在个体层级上,"知识共享→同事信任→教师专业发展能动性"这一路径的中介效应显著,其效应值为0.339($p < 0.001$,95% CI [0.303,0.376])。第四,在跨层级上,"知识共享→组织支持感→教师专业发展能动性"这一路径的中介效应显著,其效应值为0.540($p < 0.05$,95% CI [0.002,1.122]);"知识共享→同事信任→组织支持感→教师专业发展能动性"这一路径的多重中介效应显著,其效应值为0.583($p < 0.001$,95% CI [0.370,0.836])。第五,本章研究所构建的跨层级多重中介模型,总效应显著,其效应值为2.009($p < 0.001$,95% CI [1.590,2.477]);总的中介效应显著,其效应值为1.463($p < 0.001$,95% CI [1.044,1.929]);个体层级上的"知识共享→同事信任→教师专业发展能动性"和在跨层级上的"知识共享→组织支持感→教师专业发展能动性",两条路径的中介效应差异不显著,二者的中介效应差异值为0.201($p = 0.234$,95% CI [-0.782,0.337])。

表8-3 **跨层级多重中介效应模型检验**

影响路径	估计值	后验标准差
个体层级		
性别→教师专业发展能动性	-0.018	0.034
校龄→教师专业发展能动性	0.002	0.002
年级→教师专业发展能动性	-0.012	0.008
月均收入→教师专业发展能动性	0.004	0.021
知识共享→教师专业发展能动性	0.546***	0.029

续表

影响路径	估计值	后验标准差
同事信任→教师专业发展能动性	0.499***	0.024
知识共享→同事信任	0.679***	0.019
知识共享→同事信任→教师专业发展能动性	0.339***	0.019
跨层级		
教师专业发展能动性→截距	5.63***	0.03
组织支持感→教师专业发展能动性	0.825***	0.096
知识共享→组织支持感	0.660*	0.339
同事信任→组织支持感	1.049***	0.192
知识共享→组织支持感→教师专业发展能动性	0.540*	0.283
知识共享→同事信任→组织支持感→教师专业发展能动性	0.583***	0.118

注：*代表 $p<0.05$，***表示 $p<0.001$。

五 讨论与总结

（一）研究结论

中小学教师是我国基础教育发展的重要保障，在人才培养中发挥基础性与先导性作用。长期以来，有关教师发展的研究或政策的制定，多从促进学生发展和社会进步所需要的教师的角度出发，片面夸大了教师专业发展的工具价值，[1]而忽视了其主体性的发挥。因此，探究教师专业发展能动性的影响机制，在理论和实践层面都具有重大意义。

知识共享作为当代知识管理、创新的有效手段，可以通过组织内个体间的交互行为对教师专业发展能动性产生重要影响。本章研究基于社会认知理论、社会资本理论，分析和验证了知识共享对教师专业发展能动性的影响，并引入同事信任、组织支持感作为中介变量，进

---

[1] 宋广文、魏淑华：《论教师专业发展》，《教育研究》2005年第7期。

一步分析具体影响机制。本章研究发现一是知识共享能够正向影响教师专业发展能动性。知识共享为教师提供接收新知识的机会，教师在此过程中获得有关教学经验、理念的认知，使教师对自身能够完成工作的胜任程度得以加强，促使其自我效能感不断提高，从而激发专业学习的能动性与主动性、提升专业发展能动性。二是同事信任和组织支持感在中小学教师知识共享与专业发展能动性之间发挥序列和连续中介效应。教师可以在知识共享过程中获得更多的教学资源，加强了同事之间的正向联系，在不断的互动与交流过程中，同事间的信任程度不断加深。另外，教师在知识共享中表现出的利他行为，构建了互助和谐的组织环境，使得教师所感知到的组织支持得以增强。同事间的尊重与信任加强了员工的能动性、创造性，[1] 而组织支持感可以促进中小学教师产生更积极的工作态度和行为，[2] 激发教师自我效能感，进而影响教师专业发展能动性。因此，在教学实践过程中应注重教师间的情感联系，深入了解教师的心理需求，增强团队氛围的和谐程度。

（二）理论贡献与实践意义

本章研究揭示了中小学教师知识共享对专业发展能动性的影响以及具体作用机制，主要有两个方面的理论贡献：第一，既有文献主要通过社会认知理论从教师个体出发探究教师专业发展能动性，本章研究通过教师知识共享这一交互行为，从社会资本角度聚焦团队中影响教师专业发展能动性的因素，拓宽了教师专业发展能动性的研究层次；第二，本章研究通过比较同事信任与组织支持感在知识共享与教

---

[1] Ng, T. W. H. and Lucianetti, L., "Within-Individual Increases in Innovative Behavior and Creative, Persuasion, and Change Self-Efficacy Over Time: A Social-Cognitive Theory Perspective", *Journal of Applied Psychology*, Vol. 101, No. 1, 2016.

[2] 王文增、魏忠凤：《工作旺盛感对中小学教师专业发展的影响：有调节的中介模型》，《中国临床心理学杂志》2021年第3期。

师专业发展能动性的中介效应差异，发现同事信任与组织支持感对教师专业发展能动性的连续作用机制，验证了同事信任与组织支持感的链式中介作用，丰富了对教师专业发展能动性作用机制的认识，是对现有研究的有益补充。总体而言，本章研究揭示了知识共享对专业发展能动性的积极作用和具体影响路径，对探索和推进教师专业发展能动性研究，具有重要的理论意义。

同时，本章研究对提升中小学教师的专业发展能动性，具有重要的实践启示，具体建议如下。第一，学校应构建有助于教师间知识共享的制度机制与组织文化，如定期组织教师经验分享交流会、教师沙龙活动等，并形成常态化机制，促进中小学教师之间的研讨与交流，使教师有更多的机会交流学科专业知识与教学经验技能，提高自我效能感，进而促进专业发展能动性的提升。第二，学校应构建有益于教师进行知识共享的信息网络。随着数字化、信息化的发展，知识共享的方式更加便捷高效，通过建立不同学科、年级甚至不同学校间的信息网络，可以扩大知识共享的范围、降低知识共享的成本，为推动知识共享提供便利条件，从而更好促进教师的专业化发展。第三，学校应构建良好的组织环境，强化组织认同。有鉴于同事信任和组织支持感的中介作用，在通过制度化路径推动教师知识共享的基础上，还要加强对中小学教师个人主观感受的关注，要着力打消教师在知识共享过程中的顾虑，并对主动进行知识共享的教师给予及时的鼓励。第四，建立完善的教师激励机制，积极探寻促进教师发展能动性的关键点。在教学实践过程中积极听取教师的想法和意见，适当给予教师更多展现自我的机会。同时，进一步加强教师对职业目标的塑造，学校可以帮助教师完善和优化个人职业发展规划，并建立配套的针对性培训以满足教师自身职业发展的需要。

（三）不足与展望

本章研究根据社会认知理论、社会资本理论探究了知识共享与专业发展能动性之间的关系与作用机制，取得了一些理论贡献和实践启示，但仍存在一些不足。第一，中小学教师知识共享对专业发展能动性的影响过程，可能会受到其他情景因素的制约作用。本章研究仅考虑了知识共享对专业发展能动性的中介机制，未来的研究可以细致分析影响两者之间作用的边界条件，如组织氛围、领导授权等。第二，中小学教师知识共享通过促进同事信任和组织支持感来影响教师的专业发展能动性，这个过程有一定的作用时间，而本章研究采用截面数据，无法研究随时间变化的动态影响情况。因此，在未来的研究中可以利用纵向设计，测量不同时间段教师知识共享和专业发展能动性的情况，以探究随时间的推移知识共享是如何影响专业发展能动性的，进而确认各变量之间的具体联系。第三，已有研究将知识共享划分为显性知识共享和隐性知识共享，显性知识共享主要通过信息技术的交流媒介实现，而隐性知识的共享则对交流媒介的互动性要求较高，如面对面交流被认为是隐性知识共享中最为有效的方式。[①] 未来研究可以基于不同类型的知识共享，从共享媒介着手探究知识共享对专业发展能动性的作用机制，以丰富相关领域的研究成果。

[①] 储节旺、方千平：《国内外知识共享理论和实践述评》，《情报理论与实践》2007年第5期。

第九章

总结、分析与思考

一 影响教师知识共享的多元变量与多维路径

随着信息时代在教育管理领域的到来,涉及教育教学管理内容、技能等相关领域的知识容量和更替速度迅速增长,而成为优秀教师所需的知识储备规模也成倍增加。同时,小到不同班级、大到城乡之间,个体能力、经济技术水平等主观客观条件的差异也导致了教师间的知识水平差距,且这一差距在信息时代被进一步放大,从而加剧了本已不均的教育资源分布。面对知识获取的"马太效应",自20世纪90年代末开始,已有众多管理实践者和学者开始关注知识共享对于缩小知识差距的作用,以及在共享过程中产生的其他利组织效应,[1] 并逐渐延伸到对教育领域知识共享的研究。

作为一种合作行为,知识共享指个体将其所拥有的(内隐或外显)知识,通过恰当的方式有选择的传递给他人,实现个体间知识的交流,从而提升组织的知识累积与绩效,[2] 缩小组织内的知识存量差距。尽管存在共通性,但行业间知识共享发生场域的特征仍然存在显

---

[1] Wang, S. and Noe, R. A., "Knowledge Sharing: A Review and Directions for Future Research", *Human Resource Management Review*, Vol. 20, No. 2, 2010.

[2] 于米:《个人/集体主义倾向与知识分享意愿之间的关系研究:知识活性的调节作用》,《南开管理评论》2011年第6期。

著区别,[1] 应当结合学校组织和教师群体的特殊性开展实证分析。然而,目前关于知识共享的研究主要集中于企业和科研组织,对于教师知识共享的实证研究相对缺乏,更难以清晰获知关于教师知识共享的具体形成过程和影响机制。因此,在教育资源均等化的教育发展方针下,本书综合运用组织行为学、社会学、教育管理学领域的相关理论,以中小学教师群体为研究对象,基于北京市20所中小学校的1342名教师与全国24个省(自治区、直辖市)、33所中小学校的2982名教师的问卷数据进行量化分析,以中小学教师知识共享(为便于表述,下简称"教师知识共享"或"知识共享")为核心变量,考察了教师知识共享的相关前因变量和结果变量,以及变量之间反映出的知识共享心理和行为背后的各种关系与机制。从前述七章的量化研究来看,我国中小学教师知识共享的影响机制呈现出多元影响变量、多维作用路径的特点,具体如以下三个方面。

第一,多层次、多类型变量对知识共享的综合影响结构。知识共享是由多层次、多类型变量组合成的且包括不同中介、调节路径共同作用的结果。本书的系列研究发现,教师的知识共享行为不仅受到个体的资源特征(如职业成长机会)、人格(如主动性人格)、动机(如利他动机)、认知〔对自身的认知,如知识共享效能感;对其他个体或组织(团队)的认知,如人际信任、组织认同、团队认同;对工作的认知,如工作投入〕的影响,也受到组织层面诸如组织氛围(如组织创新气氛、组织和谐)等变量的影响。此外还受到环境与个体关系及对其认知的影响,如反映个体间关系的关系冲突以及反映个体和组织关系的内部人地位感知、组织支持感等变量。同时,尽管目前研究涉及的变量有限,但仍呈现出多类型变量共同作用于知识共享的形态,具体而言有以下类型:一是反映个体心理的变量,此类变量

---

[1] 葛秋萍、李正风:《知识共享与知识专有传统的张力变迁及动力机制》,《自然辩证法通讯》2004年第6期。

占比最大，如知识共享效能感、人际信任、组织支持感、工作投入；二是描摹个体间关系和组织整体客观状况的变量，如关系冲突、组织创新气氛、组织和谐；三是反映资源等客观特征的变量，如职业成长机会、主动性人格。上述三类变量在类型内部及类型间又有所交叉，形成了对知识共享的直接、间接和交互影响效应。

第二，**个体认知、组织环境、知识共享相互作用的传导机制**。从本书的系列研究看，至少存在以下相关关系。一是个体对不同对象之间的认知存在相互关联，影响了认知对于知识共享等变量的效应，如个体对于组织支持的感知越强，越能够克服对自我价值资源受损的担忧，从而使得职业成长机会作为一种资源能更大幅度地提升知识共享效能感；又如关于组织的次级结构，个体对组织的认同会促进其对所处团队的认同。二是个体认知和组织环境的相互作用，影响了对于知识共享的效应：个体认知可以通过作用于组织环境影响知识共享，如较高的人际信任能够通过激发个体间互动增进彼此认知，促进组织和谐，从而提升个体共享动机、关系网络密度并抑制了知识隐藏，为知识共享提供了良好组织氛围；组织环境也可以通过改变个体认知影响知识共享，如职业成长机会作为组织向个体提供的一种支持性工作资源，其丰富度影响着个体对于组织支持的感知程度以及知识共享的效能感，从而改变了知识共享的强度。

第三，**个体心理对知识共享作用路径的复杂性**。一是教师诸心理变量对于知识共享的直接作用，二是对于知识共享的间接效应。在直接效应分析中，本书所呈现的研究在控制了个体与学校特征变量的情况下，发现主动性人格、利他动机、人际信任均能直接提升知识共享的意愿和行为，相关结论与该领域的对应研究彼此印证。[1] 但在更多

---

[1] 周愉凡、张建卫、张晨宇、李海红、滑卫军：《主动性人格对研发人员创新行为的作用机理——基于特质激活与资源保存理论整合性视角》，《软科学》2020 年第 7 期；文鹏、廖建桥：《国外知识共享动机研究述评》，《科学学与科学技术管理》2008 年第 11 期；张甯、周年喜：《社会资本和个人动机对虚拟社区知识共享影响的研究》，《情报理论与实践》2012 年第 7 期。

时候，心理变量对知识共享的影响显现出直接效应与间接效应叠加的效果，且考察直接效应以外的路径也有助于研究者揭示驱动知识共享的具体作用机制。本书的系列研究发现，个体心理对知识共享的驱动作用呈现出多变量、多路径及高阶调节效应等复杂路径，如利他动机对知识共享的影响强度受到组织认同调节，这一调节效应又受到组织支持感的约束；又如职业成长机会分别影响个体的知识共享效能感和组织支持感强度，心理环境成为外部条件干预知识共享的中介环节。特别地，部分变量之间形成了个体与组织交互的跨层级路径，如个体的人际信任水平能够影响组织和谐氛围，从而作用于个体的知识共享，即个体心理要素不仅是其所处组织环境氛围形成的重要构成来源，同时还能够影响或改变其对所处组织环境氛围的感知，进而对个体的具体行为施以作用（关于此内容将在下一节详述）。

二 教师知识共享发生条件的确认：基于多学科综合探索

正如绪论一章的内容所介绍的那样，本书所展示的系列研究依靠组织行为学、社会学、教育管理学等多学科综合视角，形成了以组织行为学为主干，在理论层面引入部分社会学的人际关系领域等理论、在变量层面引入部分社会学和教育管理学特色变量的研究推进路线，从而兼顾学校场域和教师身份的特殊性。特别在教师知识共享发生条件的确认方面，本书的系列研究着力从教育管理心理和行为的视角，向读者展示了教师知识共享发生的现实图景。

（一）认知与资源驱动教师知识共享

第一，自我和外部认知影响知识共享。 社会认知理论认为，自我效能感反映了个体对于执行特定行为或克服困难所具有的自信程度，① 教师对自身知识能力水平的认知，能够预测其知识共享的意愿和行为强度。本书的对应研究将这一概念操作化为知识共享效能感等变量，并通过实证结果表明其对中小学教师知识共享所具有的促进作用。此外，社会认知理论还认为，认知根据环境调节行为，以获得预期结果。教师时刻身处人际关系、团队、组织等不同层级的社会结构中，其对这些外部对象的认知，影响着教师个体知识共享行为的意向和选择，且作为个体心理层面变量，其对知识共享行为除直接影响外，还可能同其他心理变量或彼此之间产生交互作用，进而对知识共享主体的行为产生影响。

  本书系列研究的发现有力地支持了上述观点。首先，对于其他个体（人际信任）、组织（组织认同、组织支持感、人际信任）、团队（团队认同）的认知，均对于知识共享有直接促进作用。其次，组织支持感和职业成长机会、内部人地位感知和人际信任等对应形成交互作用，较高的组织支持感下的职业成长机会，以及较高内部人地位感知下的人际信任，能够对知识共享产生更强的直接或间接驱动作用；组织认同、组织支持感和利他动机形成了三阶交互作用，特别地，较高的组织支持感反而会遮掩利他动机和组织认同对知识共享的作用。

  第二，个体资源影响知识共享。 知识共享是一种可能导致个体资源优势减损的组织公民行为。根据工作需求—资源理论，工作资源培养员工外在动机并激发其内在动机；工作需求则引发消极反应，消耗能量削弱动机。② 社会交换理论中的互惠原则指出，对于来自组织的支持与关心，个体会形成强烈的义务感和回报意愿，促使其更加关心组织利益并做出更多利组织行为。③ 因此，资源的充足能够解决个体

---

  ① Bandura, A., "Social Foundations of Thought and Action: A Social Cognitive Theory", *Journal of Applied Psychology*, Vol. 12, No. 1, 1986.

  ② Bakker, A. B. and Demerouti, E., "Job Demands-Resources Theory: Taking Stock and Looking Forward", *Journal of Occupational Health Psychology*, Vol. 22, No. 3, 2017.

  ③ Coyle-Shapiro, J. A. M., Kessler, I. and Purcell, J., "Exploring Organizationally Directed Citizenship Behavior: Reciprocity Or 'It's My Job'?", *Operations Research*, Vol. 44, No. 6, 2004.

对资源短缺的恐惧，而资源的提供则能够产生回报资源供给方的意愿，二者均能强化知识共享的意愿和行为。相关理论指出，至少包括个体和工作两种资源类型对工作需求予以支持，[1] 在此我们主要选取了主动性人格和职业成长机会两个变量，以分别考察二者对知识共享的作用，而对应的实证研究结果均证明了二者对于知识共享的正向效应。

第三，认知与资源还会相互影响，呈现出资源—认知—知识共享的影响路径。 作为认知对象的一部分，资源对知识共享的影响，还会通过对认知的改变产生作用。本书所辖的系列研究发现，职业成长机会的获得，既通过技能和专业能力的增加以及在同事群体中发展优势的提升，增强了知识共享效能感，激发其合作交流的意愿和知识共享的内在动机，也通过代表组织认可和外在资源保障，使教师体验到更高水平的组织支持感，从而形成回报组织意愿并抵消共享损失，促进知识共享。

（二）个体与组织的交互影响：跨层级效应

教师个体与学校等组织作为一对包含关系中的多元主体，自然会彼此产生交互影响。正如前一点"认知与资源驱动教师知识共享"中所述，在个体对二者的认知层面中体现了这一交互效应。同时，"观念世界"必然还要与"现实世界"的变量产生交互，尤其是组织氛围等反映客观环境的变量，但过往基于个体的问卷研究多聚焦于个体层级的变量，少有研究对组织层面的概念变量进行关注和研究的，也就难以考察这一交互效应。为此，本书的部分研究以学校为单位，将组织创新气氛、组织和谐等变量从个体层级聚合到学校层级，并采用多水平结构方程模型（MSEM），分析个体认知与组织氛围等客观组

---

[1] Bakker, A. B. and Demerouti, E., "Job Demands-Resources Theory: Taking Stock and Looking Forward", *Journal of Occupational Health Psychology*, Vol. 22, No. 3, 2017.

织环境的交互、传导作用对知识共享的影响。研究结果表明，个体认知对知识共享的促进依赖于良好的组织环境，同时个体认知也能促进良好组织环境的生成，进而间接促进知识共享。

（三）不同人际、组织环境条件下影响机制的差异化表现

知识共享往往难以依靠个体广泛地、自发地形成，环境条件对个体知识共享的干预作用不可忽视。有鉴于此，本书的系列研究在具体设计上着重关注从认知到现实的多个层面，设置了一系列关于人际、组织环境的调节变量，以考察环境对个体知识共享行为的约束作用。研究结果表明，一方面，积极的人际和组织环境能够强化既有心理变量对知识共享的促进作用，如教师若感知到较高的内部人地位，则认为自身的社会网络和组织资源更为丰富，更愿意发展人际关系，从而促进组织和谐，放大人际信任经由组织和谐对知识共享的间接效应。另一方面，这样的环境能够较好地弥补甚至掩盖个体动机或资源不足对知识共享的阻碍，如教师若感知到较高的组织支持，则职业成长机会、利他动机对知识共享的促进作用均变得不显著，且高组织支持感组别的整体知识共享积极程度远超低水平组。总之，让教师有获得感、安全感的人际和组织环境，对于知识共享能够起到"雪中送炭，锦上添花"的保障作用，教育组织管理者应当从教师需求出发进行组织环境建设，培育与教师同呼吸、共命运的组织。

三 教师知识共享的作用与意义

知识共享受到教育管理实践者及多学科研究者重视的原因，还在于它对个体和组织发展具有积极的后续影响。本书的第八章考察了知识共享对于个体组织支持感、同事信任以及教师专业发展能动性的影响，从职业发展和人际关系、组织氛围等角度，初步揭示了知识共享对个体和组织环境的积极作用。

（一）促进个体职业发展

知识共享对知识接收方的职业发展作用显而易见，[①] 但相反关于知识共享对发出方自身的职业发展作用却少有探讨。本书所呈现的研究以教师专业发展能动性为例，初窥知识共享对个体职业发展的作用。根据社会认知理论，[②] 知识共享行为中的协作特征，深化了共享者自身对职业认知和教育技能运用的理解并获得相关知识，从而提高了教师的自我效能感，激发了其对专业学习的信心以及促进了专业发展能动性的增强。同时，鉴于环境、个体自我认知、行为三者之间交互影响，知识共享还通过对同事信任和组织支持感的增进而促进专业发展能动性，二者既同步产生中介作用，又形成"知识共享→同事信任→组织支持感→教师专业发展能动性"的链式多重中介效应，且总的中介效应远大于直接效应。

（二）增进人际关系，改善组织氛围，形成良性循环

前文对于中介效应的分析说明，知识共享还会同步正面化个体对同事和组织的认知，从而形成对人际关系和组织氛围的双重改善。值得注意的是，同事信任和组织支持感均出现在知识共享的前因变量研究中（同事信任包含于人际信任中），且都对知识共享构成正向影响，因此三者可以形成彼此促进的良性循环：知识共享带来高强度互动，增进教师间基于人际关系的同事信任，而信任带来的可靠期望又会进一步增进教师互动，提升知识共享双方的匹配和信息传递效率；知识共享行为促进教师间社会网络的建立并带来高质量互动，满足教师个体成长的需要，使教师更易感受到组织支持，从而使教师更愿意为组

[①] 关培兰、高原：《知识员工组织职业生涯管理对知识共享的影响——以组织承诺为中间变量的一个实证研究》，《经济管理》2007年第23期。

[②] Bandura, A., "Social Foundations of Thought and Action: A Social Cognitive Theory", *Journal of Applied Psychology*, Vol. 12, No. 1, 1986.

织付出，进行知识共享等组织公民行为。这一结果表明，教育组织管理者不应将知识共享简单视作提升教师水平的辅助手段，而是将其上升到组织可持续发展的战略高度，融入组织整体发展规划，进而形成组织正向发展的自循环。

四　未来研究方向与教育资源均衡化的展望

（一）未来研究展望：基础教育阶段教师知识共享研究的拓展

在本书的系列研究中，我们通过组织行为学、社会学、教育管理学的综合视角，采用实证研究范式中的量化分析技术对中小学教师知识共享进行了研究，初步完成了本书预定的三大研究任务，即中小学教师知识共享的影响机制、影响中小学教师知识共享的作用条件、中小学教师知识共享的后续影响。但在研究的推进和深入中，我们也意识到教师知识共享的"黑箱"尚未完全揭开，具体包括以下方面。**第一，因果确认存在不足**。认知、环境、行为等不同领域和层次变量之间的转化是一个长期过程，但本书系列研究均采用横截面数据，因而难以有效确认变量间的因果关系，且本书包含的研究数据主要来自被试自评，尽管并无显著的共同方法偏差，但诸如社会期许等效应仍会影响结果的信度和效度。**第二，许多机制的路径和边界条件探索不完全**。本书的多数研究中，自变量对因变量的直接效应仍然明显，且远大于中介效应，证明相关变量对于知识共享的影响机制中，可能仍有隐藏变量和路径未能探索。**第三，限于研究条件，部分关键概念的操作化仍较为粗糙**。如在本书各系列研究中，我们将知识共享操作合并为意愿和行为两个维度，但从意愿转化到行为必然面临诸多主客观因素的制约，其中的影响机制路径和边界条件仍有待探索；又如本书的研究并未就不同类型知识共享（如显性或隐性知识共享）的影响机制分别进行探究，在第四章中对自变量人际信任，也未精细区分其对象（同事、领导或组织）、基础（认知或情感）等内容，而已有研究表明不同类型的人际信任和知识共享间的关系存在差异。① **第四，研究对象未能充分涵盖现实问题**。知识共享一般发生在组织背景下，但本书系列研究在统计操作上只考虑了学校这一级别的组织，诸如年级组、传帮带小组等常见形式并未全部纳入研究。此外，关于知识共享的后续影响，本书仅在第八章的研究中初步考察了从知识共享到教师专业能力提升过程中的部分阶段，也未就知识共享对个体和组织的其他作用展开专门研究，对于深化本研究的意义略有不利。

综合上述思考，我们提出了未来的研究方向如下。**第一，改进研究方法**。考虑通过构建多时段分点测量的纵向研究、实验设计（如情境实验法）等方式明确因果关系，特别注重分析双向因果效应；通过多途径（如加入第三方数据库）、多方法（如进行互评）采集数据以克服自评缺陷。**第二，精进研究设计**。进一步验证在企业和知识组织中已经成立的知识共享发展路径；进一步精细既有关键概念的操作化，并探究其各个维度与既有变量的关系，从而更为详尽地解析知识共享的形成机制；结合我国文化和师资发展现状，进一步发掘本土化变量及其可能的知识影响机制，如谦逊型领导对组织氛围和知识共享的影响；探索相近概念变量的作用路径，如从主动性人格扩展到对大五人格等常见人格类型之于知识共享作用的研究。**第三，拓展研究对象**。考察更多组织形式中的知识共享情况，除学校内常见的次级教学组织外，在教育资源均等化的教育发展理念下，还应对跨组织、跨地域的新型教学合作组织加以研究，如多校教研联盟、网络教研平台等；进一步发掘知识共享的后效影响及其产生机制，以全面考量知识共享的积极作用，如结果层面的教学表现、薪酬待遇，个体层面的组织公民行为，组织层面的社会网络结构，等等。

---

① 王智宁、吴应宇、叶新凤：《网络关系，信任与知识共享——基于江苏高科技企业问卷调查的分析》，《研究与发展管理》2012年第2期。

（二）教育资源均衡化的政策建议：从知识共享相关机制入手

第一，完善教师知识共享的认知机制、奖励和保障机制、管理机制。在认知方面，应通过宣传使教师认识到知识共享对自身业务提高、所在团队（年级组或教研组等）的绩效和学校持续发展的重要性，将知识共享与师德风范、职业荣誉相联系，在学校内部营造鼓励知识共享的组织氛围，使教师形成知识共享的认识和意识。在奖励和保障方面，应予知识共享积极、交流效果显著的教师以充分物质与精神奖励，并创设机会充分发挥其示范效应；同时必须注意教师对共享后自身的组织竞争优势丧失风险的顾虑，采取补偿机制。知识共享还需要一定的载体和场域，各级教学（教育）管理机构可组织年级教学组会、学校教学沙龙、区市教师代表讲座、公开课等互动模式，并保障集体共享活动的时间和经费、场所等资源，从而创造教师知识共享的机会；引入专家指导和参与等措施，对知识共享过程中遇到难题和疑惑的教师或组织提供专业指导和咨询。[1] 在管理方面，学校应将知识共享统筹进教学安排和学校整体发展规划，统筹管理各种催生和加速教师个人和组织知识共享的行为；打通共享渠道，建立跨学科、跨年级甚至校际的信息网络，推进多学科、多主题、多主体的互动参与，形成高频率、高质量、宽领域、制度化的职业互动；做好整体制度设计的同时，对需要一定组织形式的共享活动，如结对传帮带、集体交流活动等，分类设置管理模式和标准，严格检查、监督共享活动落实情况，考核共享成果，定期发布监督报告，以评促改；局部改革学校组织结构，建立适合知识共享的扁平化组织结构，营造和谐、平等的文化氛围。[2]

---

[1] 李作章、刘学智：《知识管理视角下我国高校教师知识共享中的博弈与协调》，《黑龙江高教研究》2017 年第 11 期。

[2] 李作章、刘学智：《知识管理视角下我国高校教师知识共享中的博弈与协调》，《黑龙江高教研究》2017 年第 11 期。

第二，资源是驱动教师知识共享的重要因素，要在教师日常管理中择优选拔、给予各类资源，着力避免因资源缺乏助长知识隐藏。一方面，鉴于具有主动性人格、利他动机等"隐形资源"的教师知识共享的倾向更强，学校可在教师招聘环节以问卷、模拟情景等方式设置对此类特质的考察，对在教学中表现出此类特质的教师予以更多关注。另一方面，学校和年级组、教学组应在日常给予教师更多的保障性、发展性资源，如保障薪资福利，通畅晋升途径；给予充分职业成长机会，完善继续学习制度，建立个人职业发展规划和配套的针对性培训，鼓励、帮助教师构建完善的专业知识技能体系和可接续的自我发展能力；尊重教师主体性，适当授权教师进行教学创新，给予教师形成自主教学方式和风格的发展空间，在教学实践过程中积极听取教师的想法和意见，适当给予教师更多展现自我的机会。

第三，密切教师人际关系，打造组织、学校共同体概念，构造心理关联，从而让教师获得较强的组织支持感和较高的内部人地位感知。重视年级组（或教研组）团队建设，创造同事间互动的机会，加强教师与同事和工作团队间的心理联结，形成个人与团队发展协同推进的理念；在给予教师充分物质和精神保障与奖励的同时，还应注重发放的形式，以体现组织对教师个体的尊重和重视，如举行公开表彰大会、重要领导亲自颁奖、向教师家人寄出感谢信等，使教师形成对学校强烈的回报义务和发展责任感；鼓励教师为学校建设和办学质量提升建言献策，并对其建议、意见予以重视和积极回应，保障重大决策事项中教师的参与权利；重视校园文化和学校社会形象建设，打造学校文化符号和品牌，形成教师对学校的认同感、归属感。

第四，发展跨区域知识共享组织，扩大知识共享网络。限于研究条件，本书所呈现的系列研究讨论的单位主要为学校及以下，但以知识共享缩小校内师资水平的差距这一目标而言，这也只是实现教育资源均等化"万里长征"的"第一步"，各级教育主管部门和领导应当筹划更大区域内的教师知识共享。为此，我们提出两点建议：一是对于地域上临近的学校，区县一级教育部门可以通过组织、实施类似"多校联盟"这一推动形式，定期进行教学经验的交流分享，或引进专家开展集体培训和研讨，如曾作为省级贫困县的南充市蓬安县开展了"1+1+X 教研联盟"建设工程，即一所城区优质学校对口一所乡村薄弱学校，并辐射几所同类别学校，结成教研联盟，通过开展"集体备课"、"教研沙龙"和"同课异构"等活动双向互动，使得乡镇和城区教师相互学习对方的优质教育方法和乡村教育特色；二是网络信息平台、远程教育和学习模式已相当普及，省市级教育主管部门应当统筹组建基于网络的知识共享平台，并实现制度化、常态化、规模化和产品化，如湖南以省、市州骨干名师为主持人组建网络名师工作室，实施基于信息化资源的跨区域、跨年级和跨学科的协作学习，并与智能学习系统的诊断功能结合。[①] 当然，限于教师时间、精力以及网络对隐性知识传播的限制，目前的知识共享难以兼得大范围和深层次，但也唯有迈出局部改革和尝试的脚步，才可能让知识共享在更高的层次上破解教育资源不均的难题，进而使相关推进措施更深入地扎根、滋养、服务祖国大地。

[①] 孙田琳子、石福新、王子权、翁可立、谢文斌、赵阳、李婧、权文天、张丽明、林莉兰、洪叶：《教育资源的建设、应用与反思》，《中国电化教育》2020 年第 6 期。

参考文献

一 中文

刘军：《管理研究方法原理与应用》，中国人民大学出版社 2008 年版。

袁振国年编：《中国教育政策评论（2019）》，上海教育出版社 2020 年版。

毕妍、蔡永红、蔡劲：《薪酬满意度、组织支持感和教师绩效的关系研究》，《教育学报》2016 年第 2 期。

蔡敏、贺丽：《美国休斯顿独立学区"教师评价与发展系统"探析》，《教育测量与评价》（理论版）2015 年第 5 期。

曹科岩：《不同动机因素对教师知识分享行为的影响机制——基于广东高校的实证研究》，《现代教育科学》2012 年第 7 期。

曹科岩、戴健林：《人力资源管理实践、组织支持感与员工知识分享行为关系研究》，《科技管理研究》2010 年第 24 期。

曹科岩、李凯、龙君伟：《组织政治认知、组织内信任与员工知识分享行为关系的实证研究》，《软科学》2008 年第 8 期。

常涛、廖建桥：《促进团队知识共享的激励机制有效性研究》，《科学管理研究》2008 年第 3 期。

常涛、廖建桥：《团队性绩效考核对知识共享的影响研究》，《科学学研究》2010 年第 1 期。

陈俊珂：《基础教育教师资源均衡发展的现状分析及对策》，《教育导刊》2006 年第 4 期。

陈世平、胡艳军、王晓庄：《高校教师知识共享态度的相关研究》，《心理与行为研究》2011年第4期。

陈维政、李金平、吴继红：《组织气候对员工工作投入及组织承诺的影响作用研究》，《管理科学》2006年第6期。

陈悦明、葛玉辉、宋志强：《高层管理团队断层与企业战略决策的关系研究》，《管理学报》2012年第11期。

程志、范爱华：《促进教师专业隐性知识共享的知识管理策略研究》，《国家教育行政学院学报》2008年第5期。

初浩楠、廖建桥：《认知和情感信任对知识共享影响的实证研究》，《科技管理研究》2008年第9期。

初浩楠：《正式控制和组织支持感对知识共享影响的实证研究》，《科技管理研究》2011年第7期。

储节旺、方千平：《国内外知识共享理论和实践述评》，《情报理论与实践》2007年第5期。

崔淼、肖咪咪、王淑娟：《组织创新氛围研究的元分析》，《南开管理评论》2019年第1期。

崔宇、王凡一：《基于结构方程模型的教师知识共享影响因素研究》，《教育学报》2020年第4期。

邓春平、宋琦、毛基业、印少荣：《发起与感知：协同创新中议题营销的作用》，《管理世界》2018年第12期。

邓今朝、王重鸣：《团队多样性对知识共享的反向作用机制研究》，《科学管理研究》2008年第6期。

邓志伟：《知识分享与教师专业发展》，《教育科学》2006年第4期。

丁道韧、陈万明：《自我效能感对个体即兴作用机制研究——基于个体结果期望的中介作用及组织支持的调节作用》，《预测》2017年第1期。

董方超、高虹、丁婷：《创新团队公平感知与知识共享行为关系研究——以成员信任为中介变量》，《河北工业科技》2016年第3期。

杜颖：《高校教师隐性知识共享的途径及影响因素分析》，《科技管理研究》2008年第7期。

段海军、霍涌泉：《教师效能感与教师专业的自主发展》，《陕西师范大学继续教育学报》2007年第1期。

樊治平、孙永洪：《知识共享研究综述》，《管理学报》2006年第3期。

范公广、吴梦：《虚拟品牌社区支持感对顾客契合行为的影响研究》，《软科学》2019年第10期。

范国睿：《教育公平与和谐社会》，《教育研究》2005年第5期。

方刚、谈佳馨：《互联网环境下产学研协同创新的知识增值研究》，《科学学研究》2020年第7期。

封伟毅、张肃、孙艺文：《基于知识整合与共享的企业创新能力提升机理与对策》，《情报科学》2017年第11期。

冯长利、郭玉芳、张一范：《上级反馈对新员工知识共享意愿的影响作用——以入职3年内大学生员工为例》，《科技进步与对策》2014年第4期。

高冬东、乔红晓、李晓玉、高昂：《诚信领导对教师知识分享的影响：有调节的中介效应》，《中国临床心理学杂志》2014年第5期。

高中华、赵晨：《工作场所的组织政治会危害员工绩效吗？基于个人—组织契合理论的视角》，《心理学报》2014年第8期。

葛秋萍、李正风：《知识共享与知识专有传统的张力变迁及动力机制》，《自然辩证法通讯》2004年第6期。

顾明远：《让每个孩子都享有公平而有质量的教育》，《教育研究》2017年第11期。

关培兰、高原：《知识员工组织职业生涯管理对知识共享的影响——以组织承诺为中间变量的一个实证研究》，《经济管理》2007年第23期。

郭德侠：《互助与合作：教师专业成长的有效策略》，《教育理论与实践》2007 年第 21 期。

郭韧、周飞、林春培：《组织知识共享氛围对管理创新的影响：基于员工自我效能的调节中介模型》，《科研管理》2018 年第 10 期。

郭腾飞、田艳辉、刘瑞瑞、王明辉：《知识型员工资质过高感知对其知识分享行为和情感承诺的影响机制》，《软科学》2015 年第 3 期。

韩丽红、潘静洲、路琳：《员工支持感知对知识共享行为的影响研究——基于心理资源的视角》，《科技管理研究》2020 年第 9 期。

韩艳、王安民：《小团队内人际关系对知识共享的影响》，《科学学与科学技术管理》2008 年第 10 期。

何会涛、袁勇志、彭纪生：《对员工发展投入值得吗？——发展型人力资源实践对员工知识共享行为及离职意愿的影响》，《管理评论》2011 年第 1 期。

何明芮、李永建：《心理契约类型对隐性知识共享意愿影响的实证研究》，《管理学报》2011 年第 1 期。

何水儿、张华、耿丽君：《关系强度与个体特征对隐性知识共享的影响》，《科技管理研究》2013 年第 23 期。

何一清、乔晓楠：《协同创新、协同创新网络与技术创新》，《北方民族大学学报》（哲学社会科学版）2015 年第 2 期。

贺善侃：《论创新思维的群体组织环境》，《中共浙江省委党校学报》2010 年第 5 期。

贺伟婕、何华敏、张林：《销售人员自我效能感、组织认同与情绪劳动的关系研究》，《人力资源管理》2016 年第 11 期。

胡刃锋、刘国亮：《移动互联网环境下产学研协同创新隐性知识共享影响因素实证研究》，《图书情报工作》2015 年第 7 期。

胡士强、彭纪生、周路路：《关系取向、面子需求与组织内知识共享——中国情境下知识共享意愿的探讨》，《上海管理科学》2010 年第 4 期。

胡莹莹、刘一璇、李娜、杨一鸣、王文静：《中小学教师品格优势对工作投入的影响：职业使命感的中介作用》，《当代教育科学》2021 年第 9 期。

胡友志：《发展式均衡：区域基础教育师资均衡化的新路向——基于基础教育优质均衡发展的政策变革》，《教育科学研究》2012 年第 8 期。

胡泽平、施琴芬：《高校教师隐性知识的结构与转化因素分析》，《科学学与科学技术管理》2006 年第 3 期。

黄芳、马剑虹、霍荣棉、徐美玲：《企业员工知识共享的理性行为模型》，《科研管理》2010 年第 3 期。

黄丽、陈维政：《滥权监管对个体工作行为的影响分析——人际冲突与自我效能感的不同作用》，《经济经纬》2014 年第 6 期。

黄彦婷、段光、杨忠、金辉：《物质奖励、集体主义文化对知识共享意愿的影响研究》，《软科学》2014 年第 3 期。

黄音：《物流服务企业客户服务创新感知》，《企业经济》2017 年第 5 期。

黄勇、彭纪生：《组织内信任对员工负责行为的影响——角色宽度自我效能感的中介作用》，《软科学》2015 年第 1 期。

姜红、孙健敏、姜金秋：《高校教师人格特征与工作绩效的关系：组织认同的调节作用》，《教师教育研究》2017 年第 1 期。

解学梅、吴永慧：《企业协同创新文化与创新绩效：基于团队凝聚力的调节效应模型》，《科研管理》2013 年第 12 期。

金桂根、张悟移：《知识共享研究述评》，《图书馆理论与实践》2016 年第 6 期。

金辉、杨忠、冯帆：《社会资本促进个体间知识共享的作用机制研究》，《科学管理研究》2010 年第 5 期。

柯江林、孙健敏、石金涛、顾琴轩：《企业 R&D 团队之社会资本与团队效能关系的实证研究——以知识分享与知识整合为中介变量》，《管理世界》2007 年第 3 期。

柯江林、郑晓涛、石金涛：《团队社会资本量表的开发及信效度检验》，《当代财经》2006年第12期。

雷志柱：《变革型领导行为对员工知识共享意愿的驱动机制研究》，《人力资源管理》2017年第7期。

雷志柱、雷育生：《基于理性行为理论视角的高校教师隐性知识分享实证研究》，《情报理论与实践》2010年第6期。

雷志柱、雷育生：《基于信任视角的高校教师隐性知识共享影响因素研究》，《高教探索》2011年第2期。

雷志柱、周叶玲：《高校教师隐性知识共享意愿研究：一个整合的分析框架》，《情报理论与实践》2013年第7期。

李春玲：《构建教师群体的知识共享机制》，《教师教育研究》2006年第2期。

李春玲、肖远军：《教师群体知识共享的障碍与管理对策》，《当代教育科学》2005年第22期。

李斐、乔雪峰：《混沌中的秩序：人际冲突视域下的教师合作》，《教师教育论坛》2014年第6期。

李凤莲：《心理资本对员工创新行为的影响机制研究》，《财经问题研究》2017年第12期。

李光红、袁朋伟、董晓庆：《主动性人格与创新行为：一个跨层次被调节的中介模型》，《山东大学学报》（哲学社会科学版）2017年第6期。

李圭泉、刘海鑫：《差异化变革型领导对知识共享的跨层级影响效应研究》，《软科学》2014年第12期。

李圭泉、席酉民、刘海鑫：《变革型领导对知识共享的影响机制研究》，《科学学与科学技术管理》2014年第9期。

李均民：《基于团队氛围的图书馆服务创新研究》，《图书馆学研究》2011年第3期。

李骏骑、李春燕、李峻巍：《关于教师专业发展中的主体性思考》，

《教育理论与实践》2005 年第 18 期。

李卫东、刘洪：《研发团队成员信任与知识共享意愿的关系研究——知识权力丧失与互惠互利的中介作用》，《管理评论》2014 年第 3 期。

李卫飞：《休闲福利与知识共享的关系探讨——兼论社会资本的作用》，《技术经济与管理研究》2014 年第 6 期。

李伟：《教师知识分享：瓶颈、过程与系统促进策略》，《教育发展研究》2021 年第 12 期。

李文忠、王丽艳：《乐于助人、自我效能与组织支持感对知识分享行为的交互作用研究》，《科技管理研究》2013 年第 24 期。

李锡元、舒熳、孔靓：《目标导向对资质过剩感消极结果的调节作用》，《软科学》2018 年第 2 期。

李小聪、赵敏、王惠：《职场排斥与员工知识共享意愿的关系研究——组织认同感和依赖型自我构念的作用》，《图书馆学研究》2014 年第 19 期。

李晓利、杨育、张晓冬、王小磊、曾强：《协同创新环境下的客户知识共享绩效预测模型》，《科技进步与对策》2010 年第 12 期。

李晓巍、胡心怡、王萍萍、赵静、黄婧媛、刘力：《人际关系对归因过程及助人意愿的影响》，《中国健康心理学杂志》2006 年第 1 期。

李燕萍、郑馨怡、刘宗华：《基于资源保存理论的内部人身份感知对员工建言行为的影响机制研究》，《管理学报》2017 年第 2 期。

李晔、刘华山：《教师效能感及其对教学行为的影响》，《教育研究与实验》2000 年第 1 期。

李永涛：《动机视角下的中小学教师知识共享研究》，《宁波大学学报》（教育科学版）2014 年第 2 期。

李永鑫、李晓玉、张娜、申继亮：《组织竞争与教师组织认同的关系机制》，《心理发展与教育》2010 年第 1 期。

李永鑫、杨文君、申继亮：《教师组织认同、工作满意感与情感承诺的关系》，《心理与行为研究》2011 年第 3 期。

李志宏、赖文娣、白雪：《高校科研团队创新气氛对隐性知识共享意愿影响研究》，《图书情报工作》2011a 年第 2 期。

李志宏、朱桃、赖文娣：《高校创新型科研团队隐性知识共享意愿研究》，《科学学研究》2010a 年第 4 期。

李志宏、朱桃、赖文娣：《组织气氛对组织知识共享行为的影响机制研究》，《科技管理研究》2010b 年第 3 期。

李志宏、朱桃、罗芳：《组织气氛对知识共享行为的影响路径研究——基于华南地区 IT 企业的实证研究与启示》，《科学学研究》2010 年第 6 期。

李作章、刘学智：《知识管理视角下我国高校教师知识共享中的博弈与协调》，《黑龙江高教研究》2017 年第 11 期。

梁拴荣、胡卫平、贾宏燕、梁晓燕：《教师组织支持感与组织公民行为的关系：教师组织认同的中介作用》，《江西师范大学学报》（哲学社会科学版）2014 年第 5 期。

廖冰、白永利：《员工工作友情、知识分享意愿与科研团队创造力关系的实证研究》，《科学决策》2014 年第 10 期。

廖建桥、文鹏：《知识员工定义、特征及分类研究述评》，《管理学报》2009 年第 2 期。

林丽、张建新：《人际信任研究及其在组织管理中的应用》，《心理科学进展》2002 年第 3 期。

林陵娜、施建刚、唐代中：《考虑知识隐藏的项目团队知识共享激励研究》，《科研管理》2015 年第 5 期。

林新奇、徐洋洋：《未来工作自我清晰度与员工反馈寻求行为的关系：变革型领导和工作投入的影响》，《管理评论》2021 年第 7 期。

林颐宣：《主动性人格对小学教师工作满意度的影响：一个有调节的中介模型》，《心理发展与教育》2020 年第 1 期。

凌文辁、杨海军、方俐洛：《企业员工的组织支持感》，《心理学报》2006 年第 2 期。

刘灿辉、安立仁：《员工多样性、知识共享与个体创新绩效——一个有调节的中介模型》，《科学学与科学技术管理》2016年第7期。

刘慧：《高校科研团队人际信任对创新绩效的影响——以知识共享与整合为中介变量》，《技术经济与管理研究》2013年第11期。

刘淑静、张希风：《互惠性偏好、员工敬业度与知识共享意愿关系研究》，《江苏商论》2012年第11期。

刘微微、孙茹：《高端装备制造业企业知识创新与技术创新耦合度测度研究》，《科学学与科学技术管理》2014年第7期。

刘伟国、施俊琦：《主动性人格对员工工作投入与利他行为的影响研究——团队自主性的跨水平调节作用》，《暨南学报》（哲学社会科学版）2015年第11期。

刘学敏、孙崴、王陆：《中小学教师网络同侪互助组织知识共享行为研究》，《现代中小学教育》2014年第9期。

刘雪飞、骆徽：《社会资本与教师专业共同体知识共享》，《中国高教研究》2012年第3期。

刘业进、温馨：《"工作要求"与"工作资源"如何影响中小学教师的工作投入和教学绩效》，《湖南师范大学教育科学学报》2022年第2期。

刘雨：《教师知识共享机制及实现策略——基于社会交换理论视角》，《当代教育科学》2021年第8期。

刘志刚、杨洁辉、水会莉：《供应链背景下企业环境管理与技术创新绩效的关系及其作用机理》，《企业经济》2017年第2期。

刘智强、邓传军、廖建桥、龙立荣：《组织支持、地位认知与员工创新：雇佣多样性视角》，《管理科学学报》2015年第10期。

卢福财、陈小锋：《知识员工心理契约、组织信任与知识共享意愿》，《经济管理》2012年第4期。

卢昕、黄解宇、宋在薰：《中韩高新技术企业创新氛围对创新绩效的影响——隐性知识共享的中介作用》，《科技管理研究》2021年第

10 期。

路琳、陈晓荣：《人际和谐取向对知识共享行为的影响研究》，《管理评论》2011 年第 1 期。

路琳：《人际关系对组织内部知识共享行为的影响研究》，《科学学与科学技术管理》2006 年第 4 期。

路琳：《团队知识共享的动力机制及其作用效果：研究述评》，《研究与发展管理》2015 年第 3 期。

吕寿伟、姜先亮：《教师轮岗制度的伦理反思》，《教育学报》2021 年第 5 期。

罗繁明：《基于知识管理的社会科学科研活动研究》，《社会科学管理与评论》2008 年第 1 期。

罗繁明：《论知识管理维度与组织环境创新》，《广东社会科学》2007 年第 4 期。

罗婷、何会涛、彭纪生：《认知、情感信任对不同知识共享行为的影响研究》，《科技管理研究》2009 年第 12 期。

罗云娜、杨高升：《谦卑型领导对员工创造力的影响机制》，《科技管理研究》2019 年第 1 期。

马华维、陈鹏、姚琦：《教师上级信任、知识分享与工作绩效的关系》，《心理科学》2012 年第 2 期。

马占杰：《多元化氛围对知识型员工创新行为影响的跨层次研究》，《管理学刊》2020 年第 4 期。

毛清华、王晔：《员工心理资本与知识共享意愿的关系研究：心理契约的中介作用》，《燕山大学学报》（哲学社会科学版）2014 年第 3 期。

明海峰：《高校管理人员工作投入研究》，《中国高等教育》2018 年第 5 期。

庞丽娟、洪秀敏：《教师自我效能感：教师自主发展的重要内在动力机制》，《教师教育研究》2005 年第 4 期。

彭坚、王震、侯楠：《你和上司合拍吗？组织中的上下级匹配》，《心理科学进展》2019年第2期。

彭小花：《论学校组织气氛对教师知识分享的影响》，《当代教育论坛》（上半月刊）2009年第7期。

彭正龙、赵红丹：《团队差序氛围对团队创新绩效的影响机制研究——知识转移的视角》，《科学学研究》2011年第8期。

齐亚静、王晓丽、伍新春：《教师专业发展能动性及影响因素：基于工作特征的探讨》，《中国临床心理学杂志》2020年第4期。

钱小东、张海涛：《中国企业组织结构对组织创新气氛的作用机制研究》，《企业经济》2017年第2期。

秦俊巧：《学区视角下教师继续教育模式的发展路径》，《继续教育研究》2017年第7期。

施琴芬、张运华、胡泽平、杨振华、孟晓华、吴洁等：《高校教师隐性知识转移与共享因素分析》，《科学学与科学技术管理》2008年第12期。

石宝明、张少杰：《组织成员间知识共享研究》，《理论探讨》2009年第6期。

石艳、董虹伶：《基于元分析的教师知识共享影响因素研究》，《教育学报》2020年第4期。

石艳：《教师知识共享过程中的信任与社会互动》，《教育研究》2016年第8期。

石艳：《在知识共享网络中促进教师专业发展》，《教育发展研究》2013年第20期。

史进玲：《中小学教师网络学习共同体内隐性知识共享障碍及对策研究》，《中国现代教育装备》2016年第14期。

宋广文、魏淑华：《论教师专业发展》，《教育研究》2005年第7期。

苏庆永、王红梅、史文清：《关于高校体育教师隐性知识共享之研究——大学教师隐性知识共享意愿、主要影响因素及共享途径调查分析》，《南京体育学院学报》（社会科学版）2010年第2期。

孙道银、李桂娟、巩见刚：《工作压力对知识共享意愿影响的实证研究》，《经济管理》2012年第9期。

孙道银、宋维翔：《社会资本对知识共享意愿影响的实证研究》，《情报杂志》2012年第6期。

孙力：《保险公司员工知识分享意愿及其影响因素研究》，《保险研究》2009年第6期。

孙田琳子、石福新、王子权、翁可立、谢文斌、赵阳等：《教育资源的建设、应用与反思》，《中国电化教育》2020年第6期。

孙兴华、马云鹏：《乡村教师能力素质提升的检视与思考》，《教育研究》2015年第5期。

孙宇婷、王琳、计琼玉、张杨：《领导者和谐人际管理与护士组织认同、团队凝聚力的相关性》，《护理学杂志》2015年第20期。

田立法：《高承诺工作系统驱动知识共享：信任关系的中介作用及性别的调节作用》，《管理评论》2015年第6期。

田喜洲、郭小东、许浩：《工作重塑研究的新动向——基于调节定向的视角》，《心理科学进展》2020年第8期。

童红霞：《数字经济环境下知识共享、开放式创新与创新绩效——知识整合能力的中介效应》，《财经问题研究》2021年第10期。

王安琪、熊胜绪：《企业网络关系对技术创新绩效影响的实证分析》，《统计与决策》2020年第5期。

王才康、胡中锋、刘勇：《一般自我效能感量表的信度和效度研究》，《应用心理学》2001年第1期。

王冬玲：《合作伙伴多元化、外部知识环境特征与企业创新绩效的关系研究》，《预测》2020年第3期。

王国保、宝贡敏：《中国文化背景下知识共享的维度与测量》，《现代管理科学》2010年第3期。

王国保：《面子意识与知识共享、员工创造力关系的实证研究——以组织沟通氛围为调节变量》,《科技管理研究》2014年第17期。

王国保:《我国知识型员工知识共享多维度量表编制与信效度检验——兼顾内容与方向的探索性研究》,《科技进步与对策》2016年第10期。

王健:《促进教师个人知识共享的学校知识管理策略》,《教育理论与实践》2005年第8期。

王进:《领导部属契合度、伦理认同与知识共享关系的实证研究》,《科技管理研究》2013年第2期。

王娟茹、杨瑾:《信任、团队互动与知识共享行为的关系研究》,《科学学与科学技术管理》2012年第10期。

王丽丽、卢小君:《大学创新团队成员心理契约与知识共享》,《技术经济与管理研究》2011年第10期。

王陆:《教师在线实践社区的知识共享与知识创新的机理分析》,《电化教育研究》2015年第5期。

王明平:《学区校本培训:促进教师专业自主发展》,《河南教育》(基教版)2009年第9期。

王宁、唐贵瑶、陈志军:《高绩效工作系统、组织文化与知识分享关系研究》,《科技管理研究》2014年第17期。

王生银:《组织内人际信任和知识共享关系的理论研究》,《领导科学》2016年第26期。

王士红、彭纪生:《学习型组织对于知识共享以及创新的影响研究》,《科学管理研究》2009年第2期。

王士红、徐彪、彭纪生:《组织氛围感知对员工创新行为的影响——基于知识共享意愿的中介效应》,《科研管理》2013年第5期。

王士红:《组织动机感知、损失感知及知识共享意愿》,《科研管理》2012年第1期。

王树乔、王惠、李小聪、丁瑾:《心理契约、知识共享与高校科研团队创新绩效》,《技术经济与管理研究》2017年第4期。

王维、周鹏:《考虑需求交叉弹性的企业知识共享行为分析——基于集群创新网络环境》,《科技进步与对策》2013年第20期。

王文增、魏忠凤:《工作旺盛感对中小学教师专业发展的影响:有调节的中介模型》,《中国临床心理学杂志》2021年第3期。

王仙雅、林盛、陈立芸、白寅:《组织氛围、隐性知识共享行为与员工创新绩效关系的实证研究》,《软科学》2014年第5期。

王晓晖、张艳清、吴海波:《顾客不当行为影响员工工作投入的边界条件研究》,《南方经济》2019年第4期。

王晓科:《基于不同人性假设的知识共享研究理论述评》,《管理学报》2013年第5期。

王雪莉、林洋帆、杨百寅、马琳:《信任的双刃剑:对变革型领导与知识分享关系的中介作用》,《科学学与科学技术管理》2013年第8期。

王迎冬、臧德霞:《授权型领导对隐性知识共享行为的影响研究》,《领导科学》2017年第14期。

王勇、韦志飞、王利:《工作资源、工作投入对知识共享影响的实证研究》,《科技管理研究》2012年第24期。

王桢:《团队工作重塑的形成与影响机制》,《心理科学进展》2020年第3期。

王智宁、吴应宇、叶新凤:《网络关系、信任与知识共享——基于江苏高科技企业问卷调查的分析》,《研究与发展管理》2012年第2期。

王忠、杨韬、张同建:《组织公平、组织学习与隐性知识共享的相关性研究——基于长三角高新技术企业研发型团队的数据检验》,《科技管理研究》2014年第22期。

魏江茹、孙悦、刘宁:《领导者中庸思维、知识共享和员工创新行为的关系——研究综述与理论分析框架》,《领导科学》2017年第20期。

文鹏、包玲玲、陈诚:《基于社会交换理论的绩效评估导向对知识共享影响研究》,《管理评论》2012年第5期。

文鹏、廖建桥：《国外知识共享动机研究述评》，《科学学与科学技术管理》2008 年第 11 期。

吴南中、刘云艳、彭飞霞：《幼儿教师人际信任与知识分享意愿的关系——兼论知识分享动机的调节作用》，《学前教育研究》2011 年第 9 期。

夏冬杰：《以知识共享的视角谈教师学习共同体的构建策略》，《教育探索》2013 年第 4 期。

肖文娟、樊华、胡晓红：《知识共享与知识协同构建：基于教师团队的英语教师专业发展》，《长春教育学院学报》2014 年第 5 期。

肖志雄、聂天奇：《薪酬对员工知识共享意愿的影响》，《经营管理者》2015 年第 32 期。

谢荷锋、马庆国：《员工知识分享行为激励中的"挤出效应"实证研究》，《软科学》2008 年第 11 期。

谢荷锋：《组织氛围对企业员工间非正式知识分享行为的激励研究》，《研究与发展管理》2007 年第 2 期。

辛涛、申继亮、林崇德：《教师自我效能感与学校因素关系的研究》，《教育研究》1994 年第 10 期。

徐梦雪：《论幼儿教师专业发展能动性——基于班杜拉能动性理论的思考》，《幼儿教育研究》2017 年第 2 期。

徐振亭、杨相玉、孙效敏：《学习目标取向对知识共享影响的跨层次研究》，《科学学与科学技术管理》2017 年第 8 期。

许春晓、邹剑：《酒店员工知识共享对服务创新的影响研究》，《旅游学刊》2010 年第 11 期。

许颖：《差序氛围、组织支持感知与隐性知识共享之关系探讨》，《科技管理研究》2015 年第 9 期。

严浩仁、贾生华：《试论知识特性与企业知识共享机制》，《研究与发展管理》2002 年第 3 期。

杨红玲、王玉洁：《学校氛围对高职教师隐性知识分享行为之影响——以人际信任与分享意愿为中介变量》,《广东轻工职业技术学院学报》2014年第3期。

杨利洁、葛新斌:《中小学教研组成员知识共享意愿影响因素研究》,《教育导刊》2017年第5期。

杨齐:《伦理型领导影响员工知识共享行为机理研究——一个调节中介模型》,《生产力研究》2016年第3期。

杨烁、余凯:《组织信任对教师知识共享的影响研究——心理安全感的中介作用及沟通满意度的调节作用》,《教育研究与实验》2019年第2期。

杨天平:《教育管理学学科建设的辩证思考》,《课程·教材·教法》2002年第5期。

杨霞、李雯:《伦理型领导对员工知识共享行为的内在影响机理》,《贵州社会科学》2017年第7期。

杨相玉、徐振亭、孙效敏:《个体目标取向与团队心理安全交互对个体知识共享的影响》,《科技进步与对策》2016年第19期。

杨旭华、李野:《员工感恩与工作绩效:两阶段调节的中介效应模型》,《经济管理》2018年第7期。

杨银付、韩民、王蕊、安雪慧:《以教师资源的均衡配置促进义务教育均衡发展——城乡义务教育教师资源均衡配置的政策与制度创新》,《中小学管理》2008年第2期。

杨玉浩、龙君伟、库夭梅:《员工组织政治知觉与知识分享行为的关系:珠三角地区企业的实证研究及其启示》,《科学学与科学技术管理》2009年第5期。

杨玉浩、龙君伟:《企业员工知识分享行为的结构与测量》,《心理学报》2008a年第3期。

杨玉浩、龙君伟:《组织支持感、感情承诺与知识分享行为的关系研究》,《研究与发展管理》2008b年第6期。

姚凯、汤建影:《雇佣关系、组织公平与知识共享意愿:基于中国企业的实证研究》，《复旦学报》（自然科学版）2016 年第 1 期。

姚唐、黄文波、范秀成：《基于组织承诺机制的服务业员工忠诚度研究》，《管理世界》2008 年第 5 期。

姚小涛、席酉民：《社会网络理论及其在企业研究中的应用》，《西安交通大学学报》（社会科学版）2003 年第 3 期。

叶宝忠：《组织公平与信任对知识共享的影响研究》，《技术经济与管理研究》2014 年第 9 期。

尹洪娟、杨静、王铮、李琛：《"关系"对知识分享影响的研究》，《管理世界》2011 年第 6 期。

尹奎、孙健敏、刘永仁、宋皓杰：《职场友谊对知识共享意愿的影响——一个调节中介模型》，《科学学与科学技术管理》2015 年第 8 期。

于米：《个人/集体主义倾向与知识分享意愿之间的关系研究：知识活性的调节作用》，《南开管理评论》2011 年第 6 期。

于伟、倪慧君：《员工组织政治知觉与知识分享意愿关系研究——以团队心理安全为中介》，《图书情报工作》2011 年第 8 期。

曾萍、张筱：《信任氛围、知识共享与组织创新关系的实证研究》，《软科学》2014 年第 8 期。

翟东升、朱雪东、周健明：《人际信任对员工隐性知识分享意愿的影响——以隐性知识分享动机为干扰变量》，《情报理论与实践》2009 年第 3 期。

詹湘东：《基于知识管理的区域创新能力评价研究》，《科技进步与对策》2008 年第 4 期。

詹小慧、杨东涛、栾贞增、安彦蓉：《主动性人格对员工创造力的影响——自我学习和工作投入的中介作用》，《软科学》2018 年第 4 期。

张宝臣、祝成林：《高职院校教师企业实践中的知识共享研究》，《中国高教研究》2017 年第 5 期。

张春虎、陈浩：《组织和谐气氛的概念、结构与测量》，《技术经济与管理研究》2011 年第 11 期。

张春虎：《知觉组织支持和公平影响员工知识分享的机理研究——以信任和基于组织的自尊为中介变量的模型》，《科技管理研究》2012 年第 17 期。

张定强：《教师知识共享的机制及实现策略》，《中国教育学刊》2018 年第 2 期。

张海涛、龙立荣：《组织创新气氛影响因素研究综述》，《科技管理研究》2014 年第 7 期。

张海涛：《中国企业组织结构对组织创新绩效的影响机制——一项被中介调节的效应研究》，《武汉理工大学学报》（社会科学版）2015 年第 2 期。

张剑、张玉、高超、李精精：《"大组织"对"大行为"：基于关键词分析的我国组织行为学研究现状》，《管理评论》2016 年第 2 期。

张金秀：《教学改进：教师专业发展的核心——美国纽约市公立学校第二学区教育改革的成功经验》，《中小学管理》2008 年第 6 期。

张静、宁岩、姜永常：《Web2.0 环境下知识服务的创新发展——基于知识构建机制的视角》，《情报科学》2014 年第 7 期。

张军、许庆瑞、张素平：《动态环境中企业知识管理与创新能力关系研究》，《科研管理》2014 年第 4 期。

张莉、贾琼、刘宝巍、Earn B.：《知识型企业领导成员交换与知识共享的关系研究》，《科学学研究》2008 年第 S2 期。

张勉、张德：《企业雇员离职意向的影响因素：对一些新变量的量化研究》，《管理评论》2007 年第 4 期。

张敏、吴郁松、霍朝光：《高校科研团队隐性知识共享行为的影响因素分析——基于个体、组织和群体的多重研究视角》，《情报理论与实践》2016 年第 7 期。

张娜：《教师专业发展能动性量表的研制》，《心理研究》2012 年第 3 期。

张娜、申继亮：《教师专业发展：能动性的视角》，《教育理论与实践》2012 年第 19 期。

张鼎、周年喜：《社会资本和个人动机对虚拟社区知识共享影响的研究》，《情报理论与实践》2012 年第 7 期。

张生太、梁娟：《组织政治技能、组织信任对隐性知识共享的影响研究》，《科研管理》2012 年第 6 期。

张爽、汪克夷、栾晓琳：《自我效能、信任对知识共享的影响研究》，《科技管理研究》2008 年第 8 期。

张淞：《高校教师知识分享意愿研究：一个理性的分析框架——以"世界大学城"为例》，《教育发展研究》2015 年第 7 期。

张文惠：《面向协同创新环境的跨学科知识服务研究》，《图书馆学研究》2013 年第 20 期。

张旭、张嵩：《隐性知识转移中的社会网络因素研究综述》，《情报杂志》2009 年第 12 期。

张亚军、张金隆、张千帆、张军伟：《威权和授权领导对员工隐性知识共享的影响研究》，《管理评论》2015 年第 9 期。

张燕、侯立文：《基于变革型领导的职能多样性对团队内知识共享的影响研究》，《管理学报》2013 年第 10 期。

张永军、廖建桥、张可军：《成就目标导向、心理安全与知识共享意愿关系的实证研究》，《图书情报工作》2010 年第 2 期。

张永强、安欣欣、朱明洋：《高管主动性人格与商业模式创新研究》，《科学学与科学技术管理》2017 年第 10 期。

赵昌木：《创建合作教师文化：师徒教师教育模式的运作与实施》，《教师教育研究》2004 年第 4 期。

赵传兵、李仲冬：《自我效能感与教师专业发展》，《教育探索》2006 年第 2 期。

赵海霞、龙立荣：《团队薪酬分配对团队知识共享的作用机制研究》，《科技管理研究》2012 年第 1 期。

赵可汗、贾良定、蔡亚华、王秀月、李珏兴：《抑制团队关系冲突的负效应：一项中国情境的研究》，《管理世界》2014年第3期。

赵蕾、翟心宇：《工作自主性对员工建言行为的影响——工作投入和主动性人格的作用》，《中国社会科学院研究生院学报》2018年第6期。

赵书松、廖建桥：《关系绩效考核对员工知识共享行为影响的实证研究》，《管理学报》2013年第9期。

赵书松：《中国文化背景下员工知识共享的动机模型研究》，《南开管理评论》2013年第5期。

赵雪松、杜荣、焦函：《师徒模式下隐性知识共享的激励约束分析》，《科学学研究》2006年第5期。

赵玉芳、毕重增：《中学教师职业倦怠状况及影响因素的研究》，《心理发展与教育》2003年第1期。

赵卓嘉、宝贡敏：《面子需要对个体知识共享意愿的影响》，《软科学》2010年第6期。

郑伯埙：《差序格局与华人组织行为》，《本土心理学研究》1995年第3期。

郑建君、付晓洁：《利他动机对中小学教师知识共享的影响——组织认同和组织支持感的调节作用》，《心理发展与教育》2019a年第4期。

郑建君、付晓洁：《中小学教师职业成长机会对知识共享的影响研究——教师效能感和组织支持感的中介作用》，《教育理论与实践》2018a年第25期。

郑建君、付晓洁：《中小学教师职业成长机会与知识共享的关系》，《教育研究》2018b年第7期。

郑建君、付晓洁：《组织认同对中小学教师知识共享的影响——团队认同和关系冲突的作用研究》，《心理科学》2019b年第2期。

郑建君、金盛华、马国义：《组织创新气氛的测量及其在员工创新能力与创新绩效关系中的调节效应》,《心理学报》2009 年第 12 期。

钟耕深、赵前:《团队组织中知识共享的风险、障碍与对策》,《山东社会科学》2005 年第 7 期。

钟山、金辉、赵曙明:《中国传统文化视角下高校教师教育博客知识共享意愿研究》,《管理学报》2015 年第 11 期。

钟熙、付晔、王甜:《包容性领导、内部人身份认知与员工知识共享——组织创新氛围的调节作用》,《研究与发展管理》2019 年第 3 期。

周成海:《教师知识分享:困境与出路》,《中国教育学刊》2006 年第 11 期。

周成海、孙启林:《教师知识分享意愿低落的成因与应对》,《教育发展研究》2006 年第 19 期。

周飞、林春培、孙锐:《道德领导与组织管理创新关系研究:非正式知识共享的中介作用》,《管理评论》2015 年第 5 期。

周国华、马丹、徐进、任际范:《组织情境对项目成员知识共享意愿的影响研究》,《管理评论》2014 年第 5 期。

周晶晶:《教师知识分享行为影响因素分析——基于中学教师的深度访谈研究》,《辽宁教育》2016 年第 1 期。

周密、刘倩、梁安:《组织内成员间知识共享的影响因素研究》,《管理学报》2013 年第 10 期。

周密、姚芳、姚小涛:《员工知识共享、知识共享意愿与信任基础》,《软科学》2006 年第 3 期。

周密、赵西萍、司训练:《团队成员网络中心性、网络信任对知识转移成效的影响研究》,《科学学研究》2009 年第 9 期。

周燕子:《知识管理环境下图书情报学的研究创新及专业人才培养》,《高校图书馆工作》2010 年第 1 期。

周洋:《隐性知识共享视域下教师发展平台的构建》,《江苏第二师范学院学报》2014 年第 3 期。

周愉凡、张建卫、张晨宇、李海红、滑卫军：《主动性人格对研发人员创新行为的作用机理——基于特质激活与资源保存理论整合性视角》，《软科学》2020年第7期。

朱少英、齐二石：《团队领导者行为与知识共享关系的实证研究》，《科学管理研究》2008b年第2期。

朱少英、齐二石：《团队领导者行为与知识共享绩效关系的实证研究》，《现代管理科学》2008a年第8期。

朱少英、齐二石、徐渝：《变革型领导、团队氛围、知识共享与团队创新绩效的关系》，《软科学》2008a年第11期。

朱少英、齐二石：《组织学习中群体间知识共享行为影响因素分析》，《管理学报》2009年第4期。

邹波、郭津毓、梁媛媛、高晗：《半正式化组织中成员知识共享情境研究》，《管理学报》2015年第7期。

二 英文

Abbas, M., Sajid, S. and Mumtaz, S., "Personal and Contextual Antecedents of Knowledge Sharing and Innovative Performance among Engineers", *Engineering Management Journal*, Vol. 30, No. 3, 2018.

Acker, F. V., Vermeulen, M., Kreijns, K., Lutgerink, J., Buuren, H. V., "The Role of Knowledge Sharing Self-efficacy in Sharing Open Educational Resources", *Computers in Human Behavior*, Vol. 39, No. 39, 2014.

Adams, J. S., "Inequity In Social Exchange", *Advances in Experimental Social Psychology*, Vol. 2, 1965.

Adenfelt, M., Lagerstrom, K., "Enabling Knowledge Creation and Sharing in Transnational Projects", *International Journal of Project Management*, Vol. 24, No. 3, 2006.

Ajzen, I., "Perceived Behavioral Control, Self-Efficacy, Locus of Control, and the Theory of Planned Behavior", *Journal of Applied Social*

Psychology, Vol. 32, No. 4, 2002.

Ajzen, I., "The Theory of Planned Behavior", *Organizational Behavior and Human Decision Processes*, Vol. 50, No. 2, 1991.

Anand, A., Muskat, B., Creed, A., Zutshi, A., Csepregi, A., "Knowledge Sharing, Knowledge Transfer and SMEs: Evolution, Antecedents, Outcomes and Directions", *Personnel Review*, Vol. 50, No. 9, 2021.

Andrews, K. M., Delahaye, B. L., "Influences On Knowledge Processes In Organizational Learning: The Psychosocial Filter", *Journal of Management Studies*, Vol. 37, No. 6, 2000.

Ashforth, B. E., Mael, F., "Social Identity Theory and the Organization", *Academy of Management Review*, Vol. 14, No. 1, 1989.

Bajaba, S. M., Alajhar, N. A., Bajaba, A. M., "The Bottom-Up Impact of Proactive Personality on Employee Job Crafting: A Serial Mediation Model", *Journal of Psychology*, Vol. 155, No. 6, 2021.

Bakker, A. B., Demerouti, E., "Job Demands-resources Theory: Taking Stock and Looking Forward", *Journal of Occupational Health Psychology*, Vol. 22, No. 3, 2017.

Bakker, A. B., De Merouti, E., Sanz-Vergel, A. I., "Burnout and Work Engagement: The JD-R Approach", *Annual Review of Organizational Psychology & Organizational Behavior*, Vol. 1, No. 1, 2014.

Bandura, A., "Self-efficacy: Toward A Unifying Theory of Behavioral Change", *Psychological Review*, Vol. 84, No. 2, 1977.

Bandura, A., *Social Foundation of Thought and Action: A Social Cognitive Theory*, New York: Prentice Hall, 1986.

Bandura, A., "Social Foundations of Thought and Action: A Social Cognitive Theory", *Journal of Applied Psychology*, Vol. 12, No. 1, 1986.

Bandura, A., "The Self System in Reciprocal Determinism", *American*

Psychologist, Vol. 33, No. 4, 1978.

Bao, G., Xu, B., Zhang, Z., "Employees' Trust and Their Knowledge Sharing and Integration: The Mediating Roles of Organizational Identification and Organization-based Self-esteem", *Knowledge Management Research & Practice*, Vol. 14, No. 3, 2016.

Bartol, K. M., Srivastava, A., "Encouraging Knowledge Sharing: The Role of Organizational Reward Systems", *Journal of Leadership & Organizational Studies*, Vol. 9, No. 1, 2002.

Bateman, T. S., Crant, J. M., "The Proactive Component of Organizational Behavior: A Measure and Correlates", *Journal of Organizational Behavior*, Vol. 14, No. 2, 1993.

Bateman, T. S., Organ, D. W., "Job Satisfaction and the Good Soldier: The Relationship between Affect and Employee 'Citizenship'", *Academy of Management Journal*, Vol. 26, No. 4, 1983.

Billett, S., "Learning Through Work: Exploring Instances of Relational Interdependencies", *International Journal of Educational Research*, Vol. 47, No. 4, 2008.

Bock, G. W., Kim, Y. G., "Breaking the Myths of Rewards: An Exploratory Study of Attitudes about Knowledge Sharing", *Information Resources Management Journal*, Vol. 15, No. 2, 2002.

Bock, G., Zmud, R. W., Kim, Y., Lee, J., "Behavioral Intention Formation in Knowledge Sharing: Examining the Roles of Extrinsic Motivators, Social-Psychological Factors, and Organizational Climate", *Management Information Systems Quarterly*, Vol. 29, No. 1, 2005.

Bordia, P., "Differences in Sharing Knowledge Interpersonally and Via Databases: The Role of Evaluation Apprehension and Perceived Benefits", *European Journal of Work & Organizational Psychology*, Vol. 15, No. 3, 2006.

Bowler, W. M., Brass, D. J., "Relational Correlates of Interpersonal Citizenship Behavior: A Social Network Perspective", *Journal of Applied Psychology*, Vol. 91, No. 1, 2006.

Cabrera, Á., Cabrera, E. F., "Knowledge-sharing Dilemmas", *Organization Studies*, Vol. 23, No. 5, 2002.

Cabrera, E. F., Cabrera, A., "Fostering Knowledge Sharing Through People Management Practices", *International Journal of Human Resource Management*, Vol. 16, No. 5, 2005.

Carmeli, A., Atwater, L., Levi, A., "How Leadership Enhances Employees' Knowledge Sharing: The Intervening Roles of Relational and Organizational Identification", *Journal of Technology Transfer*, Vol. 36, No. 3, 2011.

Casimir, G., Lee, K., Loon, M., "Knowledge Sharing: Influences of Trust, Commitment and Cost", *Journal of Knowledge Management*, Vol. 16, No. 5, 2012.

Chadwick, I. C., Raver, J. L., "Motivating Organizations to Learn: Goal Orientation and Its Influence on Organizational Learning", *Journal of Management*, Vol. 41, No. 3, 2015.

Chang, H. H., Chuang, S. S., "Social Capital and Individual Motivations on Knowledge Sharing: Participant Involvement as A Moderator", *Information & Management*, Vol. 48, No. 1, 2011.

Chen, C. C., Ünal, A. F., Leung, K., Xin, K. R., "Group Harmony in the Workplace: Conception, Measurement, and Validation", *Asia Pacific Journal of Management*, Vol. 33, No. 4, 2016.

Cheung, F. M., Leung, K., Fan, R. M., Song, W. Z., Zhang, J. X., Zhang, J. P., "Development of the Chinese Personality Assessment Inventory", *Journal of Cross-Cultural Psychology*, Vol. 27, No. 2, 1996.

Cheung, M. F. Y., Law, M. C. C., "Relationships of Organizational Justice and Organizational Identification: The Mediating Effects of Perceived Organizational Support in Hong Kong", *Asia Pacific Business Review*, Vol. 14, No. 2, 2013.

Choi, J. N., "Multilevel and Cross-Level Effects of Workplace Attitudes and Group Member Relations on Interpersonal Helping Behavior", *Human Performance*, Vol. 19, No. 4, 2006.

Cohen, W. M., Levinthal, D. A., "Adsorptive Capacity: A New Perspective on Learning", *Administrative Science Quarterly*, Vol. 35, No. 1, 1990.

Collins, C. J., Smith, K. G., "Knowledge Exchange and Combination: The Role of Human Resource Practices in the Performance of High-Technology Firms", *Academy of Management Journal*, Vol. 49, No. 3, 2006.

Connelly, C. E., Kelloway, E. K., "Predictors of Employees' Perceptions of Knowledge Sharing Cultures", *Leadership & Organization Development Journal*, Vol. 24, No. 5, 2003.

Constant, D., Kiesler, S., Sproull, L., "What's Mine Is Ours, or Is It? A Study of Attitudes about Information Sharing", *Information Systems Research*, Vol. 5, No. 4, 1994.

Costigan, R. D., Ilter, S. S., Berman, J. J., "A Multi-dimensional Study of Trust in Organizations", *Journal of Managerial Issues*, Vol. 10, No. 3, 1998.

Coyle-Shapiro, A. M., "A Psychological Contract Perspective on Organizational Citizenship Behavior", *Journal of Organizational Behavior*, Vol. 23, No. 8, 2002.

Coyle-Shapiro, J. A. M., Kessler, I., Purcell, J., "Exploring Organizationally Directed Citizenship Behavior: Reciprocity Or 'It's My Job'?", *Operations Research*, Vol. 44, No. 6, 2004.

Crant, J. M., "Proactive Behavior in Organizations", *Journal of Management*, Vol. 26, No. 3, 2000.

Cropanzano, R., Mitchell, M. S., "Social Exchange Theory: An Interdisciplinary Review", *Journal of Management*, Vol. 31, No. 6, 2005.

Damanpour, F., "Organizational Innovation: A Meta-analysis of Effects of Determinants and Moderators", *Academy of Management Journal*, Vol. 34, No. 3, 1991.

Davenport, T. H., Prusak, L., *Working Knowledge: How Organizations Manage What They Know*, Boston, MA: Harvard Business School Press, 2000.

Dawson, J. F., Richter, A. W., "Probing Three-Way Interactions in Moderated Multiple Regression: Development and Application of a Slope Difference Test", *Journal of Applied Psychology*, Vol. 91, No. 4, 2006.

Demerouti, E., Bakker, A. B., Nachreiner, F., Schaufeli, W. B., "The Job Demands-Resources Model of Burnout", *Journal of Applied Psychology*, Vol. 86, No. 3, 2001.

Dick, R. V., "Identification in Organizational Contexts: Linking Theory and Research from Social and Organizational Psychology", *International Journal of Management Reviews*, Vol. 3, No. 4, 2001.

Donnelly, D. F., Boniface, S., "Consuming and Creating: Early-adopting Science Teachers' Perceptions and Use of a Wiki to Support Professional Development", *Computers & Education*, Vol. 68, 2013.

Dukerich, J. M., Golden, B. R., Shortell, S. M., "Beauty Is in the Eye of the Beholder: The Impact of Organizational Identification, Identity, and Image on the Cooperative Behaviors of Physicians", *Administrative Science Quarterly*, Vol. 47, No. 3, 2002.

Dutton, J. E., Dukerich, J. M., Harquail, C. V., "Organizational Images and Member Identification", *Administrative Science Quarterly*,

Vol. 39, No. 2, 1994.

Edwards, M. R., "HR, Perceived Organizational Support and Organizational Identification: An Analysis after Organizational Formation", *Human Resource Management Journal*, Vol. 19, No. 1, 2009.

Edwards, M. R., "Organizational Identification: A Conceptual and Operational Review", *International Journal of Management Reviews*, Vol. 7, No. 4, 2005.

Edwards, M. R., Peccei, R., "Perceived Organizational Support, Organizational Identification, and Employee Outcomes", *Journal of Personnel Psychology*, Vol. 9, No. 1, 2010.

Eisenberger, R., Armeli, S., Rexwinkel, B., Lynch, P. D., Rhoades, L., "Reciprocation of Perceived Organizational Support", *Journal of Applied Psychology*, Vol. 86, No. 1, 2001.

Eisenberger, R., Stinglhamber, F., "Perceived Organizational Support: Fostering Enthusiastic and Productive Employees", *Journal of Applied Psychology*, Vol. 71, No. 3, 2011.

Geijseln, F. P., "The Effect of Teacher Psychological, School Organizational and Leadership Factors on Teachers' Professional Learning in Dutch Schools", *Elementary School Journal*, Vol. 109, No. 4, 2009.

George, J. M., Brief, A. P., "Feeling Good-doing Good: A Conceptual Analysis of the Mood at Work-organizational Spontaneity Relationship", *Psychological Bulletin*, Vol. 112, No. 2, 1992.

Gibbons, D. E., "Friendship and Advice Networks in the Context of Changing Professional Values", *Administrative Science Quarterly*, Vol. 49, No. 2, 2004.

Granovetter, M., "Economic-Action and Social-Structure-the Problem of Embeddedness", *American Journal of Sociology*, Vol. 91, No. 3, 1985.

Granovetter, M. S., "The Strength of Weak Ties", *American Journal of*

Sociology, Vol. 78, No. 6, 1973.

Hansen, M. T., "The Search-Transfer Problem: The Role of Weak Ties in Sharing Knowledge across Organization Subunits", *Administrative Science Quarterly*, Vol. 44, No. 1, 1999.

Haynie, J., Flynn, C. B., Herda, D., "Linking Career Adaptability to Supervisor-Rated Task Performance: A Serial Mediation Model", *Career Development International*, Vol. 25, No. 4, 2020.

Haynie, J. J., Flynn, C. B., Mauldin, S., "Proactive Personality, Core Self-Evaluations, and Engagement: The Role of Negative Emotions", *Management Decision*, Vol. 55, No. 2, 2017.

He, H., Pham, H. Q., Baruch, Y., Zhu, W., "Perceived Organizational Support and Organizational Identification: Joint Moderating Effects of Employee Exchange Ideology and Employee Investment", *International Journal of Human Resource Management*, Vol. 25, No. 20, 2014.

Hendriks, P., "Why Share Knowledge? The Influence of ICT on the Motivation for Knowledge Sharing", *Knowledge and Process Management*, Vol. 6, No. 2, 1999.

Hew, K. F., Hara, N., "Empirical Study of Motivators and Barriers of Teacher Online Knowledge Sharing", *Educational Technology Research and Development*, Vol. 55, No. 6, 2007.

Hobfoll, S. E., "Conservation of Resources-a New Attempt at Conceptualizing Stress", *American Psychologist*, Vol. 44, No. 3, 1989.

Holste, J. S., Fields, D., "Trust and Tacit Knowledge Sharing and Use", *Journal of Knowledge Management*, Vol. 14, No. 1, 2010.

Holtshouse, D., "Knowledge Research Issues", *California Management Review*, Vol. 40, No. 3, 1998.

Hon, A. H. Y., Fung, C. P. Y., Senbeto, D. L., "Willingness to Share or Not to Share? Understanding the Motivation Mechanism of Knowledge Sharing for Hospitality Workforce", *Journal of Hospitality Marketing & Management*, Vol. 31, No. 1, 2022.

Hooff, B. V. D., Ridder, J. A. D., "Knowledge Sharing in Context: The Influence of Organizational Commitment, Communication Climate and CMC Use on Knowledge Sharing", *Journal of Knowledge Management*, Vol. 8, No. 6, 2004.

Hsu, M. H., Ju, T. L., Yen, C. H., Chang, C. M., "Knowledge Sharing Behavior in Virtual Communities: The Relationship between Trust, Self-Efficacy, and Outcome Expectations", *International Journal of Human-Computer Studies*, Vol. 65, No. 2, 2007.

Huddy, L., "From Social to Political Identity: A Critical Examination of Social Identity Theory", *Political Psychology*, Vol. 22, No. 1, 2001.

Ibarra, H., Andrews, S. B., "Power, Social Influence, and Sense Making: Effects of Network Centrality and Proximity on Employee Perceptions", *Administrative Science Quarterly*, Vol. 38, No. 2, 1993.

Ipe, M., "Knowledge Sharing in Organizations: A Conceptual Framework", *Human Resource Development Review*, Vol. 2, No. 4, 2003.

Jehn, K. A., Shah, P. P., "Interpersonal Relationships and Task Performance: An Examination of Mediation Processes in Friendship and Acquaintance Groups", *Journal of Personality & Social Psychology*, Vol. 72, No. 4, 1997.

Jeung, C. W., Yoon, H. J., Choi, M., "Exploring the Affective Mechanism Linking Perceived Organizational Support and Knowledge Sharing Intention: A Moderated Mediation Model", *Journal of Knowledge Management*, Vol. 21, No. 3, 2017.

Kankanhalli, A., Tan, B., Wei, K. K., "Contributing Knowledge to Electronic Knowledge Repositories: An Empirical Investigation", *Mis Quarterly*, Vol. 29, No. 1, 2005.

Keung, C. C., "Cultivating Communities of Practice Via Learning Study for Enhancing Teacher Learning", *KEDI Journal of Educational Policy*, Vol. 6, No. 1, 2009.

Kim, E., Park, S., "Employees' Perceptions of Organizational Learning: The Role of Knowledge and Trust", *KYBERNETES*, Vol. 50, No. 5, 2021.

King, W. R., Marks, P. V., "Motivating Knowledge Sharing Through A Knowledge Management System", *International Journal of Management Science*, Vol. 36, No. 1, 2008.

Krackhardt, D., "The Strength of Strong Ties-the Importance of Philos in Organizations", *Networks And Organizations: Structure, Form, And Action*, 1992.

Kraimer, M. L., Seibert, S. E., Wayne, S. J., Liden, R. C., Bravo, J., "Antecedents and Outcomes of Organizational Support for Development: The Critical Role of Career Opportunities", *Journal of Applied Psychology*, Vol. 96, No. 3, 2011.

Kulangara, N. P., Jackson, S. A., Prater, E., "Examining the Impact of Socialization and Information Sharing and the Mediating Effect of Trust on Innovation Capability", *International Journal of Operations & Production Management*, Vol. 36, No. 11, 2016.

Lai, G., Wong, O., "The Tie Effect on Information Dissemination: The Spread of a Commercial Rumor in Hong Kong", *Social Networks*, Vol. 24, No. 1, 2002.

Liao, S. H., Chang, J. C., Cheng, S. C., Kuo, C. M., "Employee Relationship and Knowledge Sharing: A Case Study of a Taiwanese Finance and Securities Firm", *Knowledge Management Research & Practice*, Vol. 2, No. 1, 2004.

Lin, C., "To Share or Not to Share: Modeling Tacit Knowledge Sharing,

Its Mediators and Antecedents", *Journal of Business Ethics*, Vol. 70, No. 4, 2007.

Lin, H., "Effects of Extrinsic and Intrinsic Motivation on Employee Knowledge Sharing Intentions", *Journal of Information Science*, Vol. 33, No. 2, 2007.

Lin, H. F., "Knowledge Sharing and Firm Innovation Capability: An Empirical Study", *International Journal of Manpower*, Vol. 28, No. 3/4, 2007.

Lin, H. F., Lee, G. G., "Perceptions of Senior Managers Toward Knowledge-sharing Behaviour", *Management Decision*, Vol. 42, No. 1, 2004.

Little, J. W., "The Persistence of Privacy: Autonomy and Initiative in Teachers' Professional Relations", *Teachers College Record*, Vol. 91, No. 4, 1990.

Li, X., Hong, P., Nahm, A. Y., Doll, W. J., "Knowledge Sharing in Integrated Product Development", *European Journal of Innovation Management*, Vol. 7, No. 2, 2004.

Lu, L., Leung, K., Koch, P. T., "Managerial Knowledge Sharing: The Role of Individual, Interpersonal, and Organizational Factors", *Management and Organization Review*, Vol. 2, No. 1, 2006.

Lv, A., Lv, R., Xu, H., Ning, Y., Li, Y., "Team Autonomy Amplifies the Positive Effects of Proactive Personality on Work Engagement", *Social Behavior and Personality*, Vol. 46, No. 7, 2018.

Mael, F. A., Ashforth, B. E., "Loyal from Day One: Biodata, Organizational Identification, and Turnover among Newcomers", *Personnel Psychology*, Vol. 48, No. 2, 1995.

Mael, F., Ashforth, B. E., "Alumni and Their Alma Mater: A Partial Test of the Reformulated Model of Organizational Identification", *Journal of Organizational Behavior*, Vol. 13, No. 2, 1992.

Masterson, S. S., Stamper, C. L., "Perceived Organizational Membership: An Aggregate Framework Representing the Employee-Organization Relationship", *Journal of Organizational Behavior*, Vol. 24, No. 5, 2003.

Mcallister, D. J., "Affect-Based and Cognition-Based Trust as Foundations for Interpersonal Cooperation in Organizations", *Academy of Management Journal*, Vol. 38, No. 1, 1995.

McLure Wasko, M., Faraj, S., "'It is What One Does': Why People Participate and Help Others in Electronic Communities of Practice", *The Journal of Strategic Information Systems*, Vol. 9, No. 2, 2000.

Mäkelä, K., "Knowledge Sharing through Expatriate Relationships: A Social Capital Perspective", *International Studies of Management & Organization*, Vol. 37, No. 3, 2007.

Mowday, R. T., Steers, R. M., Porter, L. W., "The Measurement of Organizational Commitment", *Journal of Vocational Behavior*, Vol. 14, No. 2, 1979.

Mubarak, N., Khan, J., Yasmin, R., Osmadi, A., "The Impact of a Proactive Personality on Innovative Work Behavior: The Role of Work Engagement and Transformational Leadership", *Leadership & Organization Development Journal*, Vol. 42, No. 7, 2021.

Nahapiet, J., Ghoshal, S., "Social Capital, Intellectual Capital, and the Organizational Advantage", *Academy of Management Review*, Vol. 23, No. 2, 1998.

Nelson, K. M., Cooprider, J. G., "The Contribution of Shared Knowledge to IS Group Performance", *Mis Quarterly*, Vol. 20, No. 4, 1996.

Ng, T. W. H., Lucianetti, L., "Within-Individual Increases in Innovative Behavior and Creative, Persuasion, and Change Self-Efficacy Over Time: A Social-Cognitive Theory Perspective", *Journal of Applied Psychology*, Vol. 101, No. 1, 2016.

Noe, R. A., Wilk, S. L., "Investigation of the Factors That Influence Employees' Participation in Development Activities", *Journal of Applied Psychology*, Vol. 78, No. 2, 1993.

Nonaka, I., Takeuch, H., *The Knowledge-Creating Company*, New York: Harvard Business School Press, 2008.

Olkkonen, M. E., Lipponen, J., "Relationships between Organizational Justice, Identification with Organization and Work Unit, and Group-Related Outcomes", *Organizational Behavior & Human Decision Processes*, Vol. 100, No. 2, 2006.

Omilion-Hodges, L. M., Baker, C. R., "Contextualizing LMX within the Workgroup: The Effects of LMX and Justice on Relationship Quality and Resource Sharing among Peers", *Leadership Quarterly*, Vol. 24, No. 6, 2013.

Ozkoç, A. G., Bektas, T., "Organizational Support and Self-Efficacy as the Predictors of Dissenter Behavior among Hotel Employees", *International Journal of Academic Research in Business & Social Sciences*, Vol. 6, 2016.

Peters, K., Haslam, S. A., Ryan, M. K., Fonseca, M., "Working With Subgroup Identities to Build Organizational Identification and Support for Organizational Strategy: A Test of the ASPIRe Model", *Group & Organization Management*, Vol. 38, No. 1, 2013.

Prusak, L., Davenport, T. H., *Working Knowledge: How Organizations Manage What They Know*, Boston: Harvard Business School Press, 1998.

Renzl, B., "Trust in Management and Knowledge Sharing: The Mediating Effects of Fear and Knowledge Documentation", *Omega*, Vol. 36, No. 2, 2008.

Rhoades, L., Eisenberger, R., Armeli, S., "Affective Commitment to the Organization: The Contribution of Perceived Organizational Support",

Journal of Applied Psychology, Vol. 86, No. 5, 2001.

Rhoades, L., Eisenberger, R., "Perceived Organizational Support: A Review of the Literature", *Journal of Applied Psychology*, Vol. 87, No. 4, 2002.

Riketta, M., "Organizational Identification: A Meta-Analysis", *Journal of Vocational Behavior*, Vol. 66, No. 2, 2005.

Ruggles, R., "The State of the Notion: Knowledge Management in Practice", *California Management Review*, Vol. 40, No. 3, 1998.

Runhaar, P., Sanders, K., "Promoting Teachers' Knowledge Sharing. The Fostering Roles of Occupational Self-Efficacy and Human Resources Management", *Educational Management Administration & Leadership*, Vol. 44, No. 5, 2016.

Schaufeli, W. B., Salanova, M., González-romá, V., Bakker, A. B., "The Measurement of Engagement and Burnout: A Two Sample Confirmatory Factor Analytic Approach", *Journal of Happiness Studies*, Vol. 3, No. 1, 2002.

Scott, S. G., "Social Identification Effects in Product and Process Development Teams", *Journal of Engineering & Technology Management*, Vol. 14, No. 2, 1997.

Seibert, S. E., Kraimer, M. L., Crant, J. M., "What Do Proactive People Do? A Longitudinal Model Linking Proactive Personality and Career Success", *Personnel Psychology*, Vol. 54, No. 4, 2001.

Shapiro, C., A. M., J., "A Psychological Contract Perspective on Organizational Citizenship Behavior", *Journal of Organizational Behavior*, Vol. 23, No. 8, 2002.

Shen, J., Tang, N., D'Netto, B., "A Multilevel Analysis of the Effects of HR Diversity Management on Employee Knowledge Sharing: The Case of Chinese Employees", *International Journal of Human Resource Management, Vol. 25, No. 12, 2014.

Shen, Y., Jackson, T., Ding, C., Yuan, D., Zhao, L., Dou, Y., et al., "Linking Perceived Organizational Support with Employee Work Outcomes in a Chinese Context: Organizational Identification As a Mediator", *European Management Journal*, Vol. 32, No. 3, 2014.

Sias, P. M., "Workplace Relationship Quality and Employee Information Experiences", *Communication Studies*, Vol. 56, No. 4, 2005.

Siemsen, E., Roth, A. V., Balasubramanian, S., "How Motivation, Opportunity, and Ability Drive Knowledge Sharing: The Constraining-Factor Model", *Journal of Operations Management*, Vol. 26, No. 3, 2008.

Silins, H., Mulford, B., "Schools as Learning Organisations", *Journal of Educational Administration*, Vol. 150, No. 5, 2002.

Sluss, D. M., Klimchak, M., Holmes, J. J., "Perceived Organizational Support As a Mediator between Relational Exchange and Organizational Identification", *Journal of Vocational Behavior*, Vol. 73, No. 3, 2008.

Song, J. H., Kim, W., Chai, D. S., Bae, S. H., "The Impact of an Innovative School Climate on Teachers' Knowledge Creation Activities in Korean Schools: The Mediating Role of Teachers' Knowledge Sharing and Work Engagement", *KEDI Journal of Educational Policy*, Vol. 11, No. 2, 2014.

Srivastava, A., Bartol, K. M., Locke, E. A., "Empowering Leadership in Management Teams: Effects on Knowledge Sharing, Efficacy, and Performance", *Academy of Management Journal*, Vol. 49, No. 6, 2006.

Srivastava, A., "Teachers' Extra Role Behavior: Relation with Self Efficacy, Procedural Justice, Organizational Commitment and Support for Training", *International Journal of Management in Education*, Vol. 11, No. 2, 2017.

Stamper, C. L., Masterson, S. S., "Insider or Outsider? How Employee

Perceptions of Insider Status Affect their Work Behavior", *Journal of Organizational Behavior*, Vol. 23, No. 8, 2002.

Stinglhamber, F., Gillis, C., Teixeira, C. P., Demoulin, S., "To be or Not to be Unionized? A Question of Organizational Support and Identification", *Journal of Personnel Psychology*, Vol. 12, No. 12, 2013.

Sun, H. J., Yoon, H. H., "Linking Organizational Virtuousness, Engagement, and Organizational Citizenship Behavior: The Moderating Role of Individual and Organizational Factors", *Journal of Hospitality & Tourism Research*, 1784084853, 2020.

Tajfel, H., Turner, J. C., "The Social Identity Theory of Intergroup Behavior", In S. Worchel & W. G. Austin (Eds.), *Psychology of Intergroup Relations*, Chicago, IL: Nelson-Hall, 1986.

Tang, C. Y., Shang, J., Naumann, S. E., Zedtwitz, M. V., "How Team Identification and Expertise Identification Affect R&D Employees' Creativity", *Creativity & Innovation Management*, Vol. 23, No. 3, 2014.

Tawadros, T., "Developing the Theater of Leadership: An Exploration of Practice and the Need for Research", *Advances in Developing Human Resources*, Vol. 17, No. 3, 2015.

Tett, R. P., Burnett, D. D., "A Personality Trait-Based Interactionist Model of Job Performance", *Journal of Applied Psychology*, Vol. 88, No. 3, 2003.

Tisu, L., Lupşa, D., Vîrgă, D., Rusu, A., "Personality Characteristics, Job Performance and Mental Health: The Mediating Role of Work Engagement", *Personality and Individual Differences*, Vol. 153, No. 15, 2020.

Tseng, F., Kuo, F., "A Study of Social Participation and Knowledge Sharing in the Teachers' Online Professional Community of Practice", *Computers & Education*, Vol. 72, No. 3, 2014.

Tuzun, I. K. , Çetin, F. , Basım, H. N. , "Deviant Employee Behavior in the Eyes of Colleagues: The Role of Organizational Support and Self-efficacy", *Eurasian Business Review*, 2016.

Tyler, T. R. , "Why People Cooperate with Organizations: An Identity-based Perspective", *Research in Organizational Behavior*, Vol. 21, 2012.

Unal, A. F. , Chen, C. C. , Xin, K. R. , "Justice Climates and Management Team Effectiveness: The Central Role of Group Harmony", *Management and Organization Review*, Vol. 13, No. 4, 2017.

Valentine, S. , Greller, M. M. , Richtermeyer, S. B. , "Employee Job Response as a Function of Ethical Context and Perceived Organization Support", *Journal of Business Research*, Vol. 59, No. 5, 2006.

Van der Heijden, B. I. J. M. , Van Vuuren, T. C. V. , Kooij, D. T. A. M. , de Lange, A. H. , "Tailoring Professional Development for Teachers in Primary Education the Role of Age and Proactive Personality", *Journal of Managerial Psychology*, Vol. 30, No. 1, 2015.

Van Knippenberg, D. , Van Dick, R. , Tavares, S. , "Social Identity and Social Exchange: Identification, Support, and Withdrawal from the Job", *Journal of Applied Social Psychology*, Vol. 37, No. 3, 2007.

Van Knippenberg, D. , Van Schie, E. C. M. , "Foci and Correlates of Organizational Identification", *Journal of Occupational and Organizational Psychology*, Vol. 73, No. 2, 2000.

Venkatesh, V. , Davis, F. D. , "A Theoretical Extension of the Technology Acceptance Model: Four Longitudinal Field Studies", *Management Science*, Vol. 46, No. 2, 2000.

Wang, C. C. , "The Influence of Ethical and Self-interest Concerns on Knowledge Sharing Intentions among Managers: An Empirical Study", *International Journal of Management*, Vol. 21, No. 3, 2004.

Wang, S. , Noe, R. A. , "Knowledge Sharing: A Review and Directions for Future Research", *Human Resource Management Review*, Vol. 20, No. 2, 2010a.

Wasko, M. L., Faraj, S., "Why Should I Share? Examining Social Capital and Knowledge Contribution in Electronic Networks of Practice", *Mis Quarterly*, Vol. 29, No. 1, 2005.

Wiesenfeld, B. M., Raghuram, S., Garud, R., "Organizational Identification among Virtual Workers: The Role of Need for Affiliation and Perceived Work-based Social Support", *Journal of Management*, Vol. 27, No. 2, 2001.

Wood, R., Bandura, A., "Social Cognitive Theory of Organizational Management", *The Academy of Management Review*, Vol. 14, No. 3, 1989.

Wu, W. L., Lin, C. H., Hsu, B. F., Yeh, R. S., "Interpersonal Trust and Knowledge Sharing: Moderating Effects of Individual Altruism and a Social Interaction Environment", *Social Behavior & Personality An International Journal*, Vol. 37, No. 1, 2009.

Xiao, Z., Tsui, A. S., "When Brokers May Not Work: The Cultural Contingency of Social Capital in Chinese High-tech Firms", *Administrative Science Quarterly*, Vol. 52, No. 1, 2007.

Yen, Y., Tseng, J., Wang, H., "The Effect of Internal Social Capital on Knowledge Sharing", *Knowledge Management Research & Practice*, Vol. 13, No. 2, 2015.

Zagenczyk, T. J., Gibney, R., Few, W. T., Scott, K. L., "Psychological Contracts and Organizational Identification: The Mediating Effect of Perceived Organizational Support", *Journal of Labor Research*, Vol. 32, No. 3, 2011.

Zakaria, N., Amelinckx, A., Wilemon, D., "Working Together Apart? Building a Knowledge-Sharing Culture for Global Virtual Teams", *Creativity and Innovation Management*, Vol. 13, No. 1, 2004.

Zhu, Y. Q. , "Solving Knowledge Sharing Disparity: The Role of Team Identification, Organizational Identification, and In-Group Bias", *International Journal of Information Management*, Vol. 36, No. 6, 2016.